ジオとグラフィーの旅 ③

# 人の旅

外山 秀一 著

古今書院

# は じ め に

　この「ジオとグラフィーの旅シリーズ」では，ジオとグラフィーという二十歳の男女を設定して，二人の会話形式で進めてゆく。このシリーズを通して，ジオとグラフィーに，地球の自然環境や自然と人とのかかわり，そしてそこに住む人びとの生活，日本や世界の状況，さらには地球や地域がかかえる問題などについて語ってもらう。

　具体的には，1「環境と人の旅」，2「自然の旅」，3「人の旅」，4「衣食住の旅」，5「東アジアとヨーロッパの旅」，そして6「地域情報の旅」という内容で，本書は「人の旅」にあたる。このうち，1と2，6はジオを中心に，3と4，5はグラフィーを中心に話が展開される。二人の目という限られた視点ではあるが，少しでも多くの読者の皆様に，上記の諸点を理解していただきたいと願う次第である。

　geography（ジオグラフィー）は，ジオ（土地）をグラフィック（記述する）ことから始まった。地理学というこの学問分野は，土地を媒介として，そこに生活する人とその環境，人そのもの，さらには人の育む文化などに焦点をあてて，研究が進められてきた。このシリーズでは，ジオとグラフィーの世界をいっしょに旅していただき，その思い出を読者の皆様の心に描いていただけたらと思う。

　このシリーズは，高校生以上の方を対象に，なるべくわかりやすい内容にして，理解を深めていただくことをめざしている。そのためには，従来のような章立てだけではなく，◆で示したようにサブテーマを設けて，読者の皆様が興味を持っていただくように工夫した。

　本書の「人の旅」では，大きく二つの内容を設定した。すなわち，第Ⅰ部の人種と民族，第Ⅱ部の人口である。本シリーズのテーマは，「自然環境と人間とのかかわり」であるが，ここでは自然的基礎を重視しながら，人間そのものに焦点をあててみたい。そして，「自分を知り，他人を知り，そして自他の違いを知る」ことをテーマに，世界の人種と民族，人と密接に関連する言語や宗教，さらには人口を取り上げた。そして，日本人と諸外国の人びと，そして両者の違いを，その背景を踏まえながら考えてみたい。

# 目　次

はじめに　i

## 第Ⅰ部　人種と民族

1．人　種 …………………… 1

　a．世界の人種　1
　　　ヒトとサルの違い
　　　髪は長〜い友達か
　　　あなたの祖先は縄文人？それとも弥生人？
　b．混　血　25
　c．人種問題　25

2．民　族 …………………… 30

　a．民　族　30
　b．民族問題と民族紛争　31
　　　旧ユーゴスラビア内紛の理由
　c．言　語　37
　　　難解な日本語
　　　便利な日本語
　d．宗　教　50
　　　人間の生と死
　　　あなたの描く卑弥呼像
　　　あいまいな日本人
　　　帰ってきたヨッパライ

## 第Ⅱ部　人　口

1．居住空間 ……………………… 75

　a．エクメーネの拡大　75
　　　あなたの住める所，住めない所
　b．エクメーネの限界　78

2．人口の分布と増減 ……………… 81

　a．世界の人口と人口密度　81
　　　2秒に5人の赤ちゃん
　b．人口推計　84
　c．人口論　86
　　　地球には何人住めるの？
　d．人口増加と環境破壊　87
　e．人口政策　89
　　　結婚しない女，結婚できない男

3．人口移動 ……………………… 93

　a．永久的移動　93
　b．季節的移動　98
　　　ツバメと早乙女

4．人口構成 ……………………… 101

　a．年齢別人口構成　101

　　　　深鉢型の人口構成
　b．産業別人口構成　　102

5．日本の人口………………………103

　a．人口の推移　　103

　　　　そして日本には誰もいなくなった
　b．人口構成　　105
　　　あなたは「丙午（ひのえうま）」を信じますか？
　c．日本の人口問題　　110

おわりに　　120
文献・資料　　121

# 第Ⅰ部　人種と民族

## 1. 人　　種

### a．世界の人種

グラ：ジオ，この『人の旅』をまず人種から始めるね。

ジオ：グラフィー，人種というのはどのように定義づけられるの？

グラ：これは身体的な特徴に基づいて分類されるもので，生物学的概念による区分ということになるの。その際に，人種は遺伝的にさらには形態的に，他の集団と区別できることが前提条件なの。
　　　でもね。私たちヒトは，学名では Homo sapiens（ホモ・サピエンス「利口な人類」）といって，みな同じ。人種の違いというのは，生物学的には，つまり遺伝子レベルでは動物全体の 1000 分の 1 以下のわずかな違いにすぎないの。

ジオ：……。

グラ：イヌも同様で，イヌは約 1 万 5000 年前から家畜として，ペットとしては 17 世紀から飼育されていて，現在 700 種以上といわれているの。
　　　ジオは自宅で犬を飼ってる？

ジオ：うん。毎朝犬の散歩をしてるけど，たまに犬に飼われている人を見かけることがあるよ。

グラ：えっ？

ジオ：犬につれられて散歩しているおじいちゃんやおばあちゃんを見かけることがあるけど，犬に飼われてるみたい。

グラ：……。

グラ：世界の代表的な犬種をみてみると（写真Ⅰ-1），イングリッシュポインターや盲導犬として活躍しているラブラドール・レトリバー，アフガニスタン原産のアフガン・ハウンド，ダックスフント，そり犬としても有名なシベリアンハスキー，グレート・デン，そしてセント・バーナード。
　　　また，フランスとスペインとの国境のピレネー山脈原産のピレニアン・マウンテンドッグやメキシコ北部でアメリカ合衆国との国境の州の名前からきているチワワがいて，体長 20cm 前後の大きさなの。

ジオ：手のひらに乗るぐらいだね。

グラ：さらに，ポメラニア地方といって，ポーランドからドイツにかけての地域原産のポメラニアン，スピッツの仲間や地中海のマルタ島の原産のマルチーズ。

写真Ⅰ-1 犬　種（相賀編 1992）

　　さらに，イギリスのペニン山脈を挟んで東部をヨークシャー，西部をランカシャーというけど，このヨークシャー地方原産の犬がヨークシャー・テリアで，もともとはネズミ退治用の犬なの。また，警察犬や盲導犬として活躍しているシェパード，牧羊犬だったコリー，日本原産のチン，かつて中国で食用とされていたチャウチャウ。

ジオ：食用……。
グラ：そしてブルドッグ。

グラ：これは，日本で犬の登録が始まった1955年〜99年までの犬種別の新規登録数の

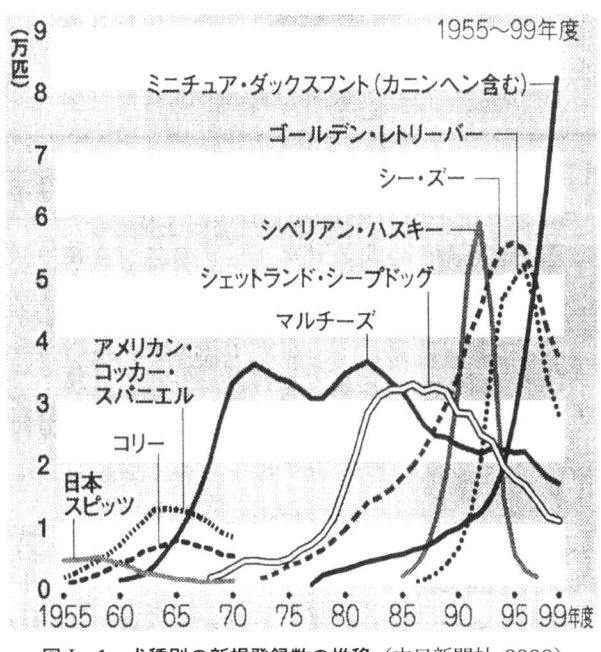

図Ⅰ-1　犬種別の新規登録数の推移（中日新聞社 2000）

　　　　流れをみたものだけど（図Ⅰ-1），60年代後半～80年代はマルチーズが人気で，その後シェトランド・シープ・ドッグ，シーズー，ゴールデン・レトリバーに変わっていってるわね。
**ジオ**：シベリアンハスキーはバブルとともに消えたんだ……。
**グラ**：今，ミニチュアダックスフントやイギリスのウェールズ地方原産のウェルシュ・コーギーが人気ね。
**ジオ**：わが家にもミニチュア・ダックスフントがいるよ（写真Ⅰ-2）。
**グラ**：名前は？
**ジオ**：ソフィー。「英知」という意味でつけたんだ。
**グラ**：東京の上智大学のことを sofia university というよね。
**ジオ**：賢く育てようと思ってつけた名前だったけど，うちのソフィーはアホだった……。飼い主に似るというのはほんとだね。
**グラ**：……。
　　　　このように，さまざまな種類の犬がいるけど，これらは遺伝子レベルではカニス・ファミリアス一種なの。血統賞付きも雑種もみな同じ。
**ジオ**：同じ種類だから簡単に雑種ができるんだね。

**グラ**：話が長くなったけど，私たちの人種の差というのは，このイヌの品種間の差よりもさらに小さくて，遺伝子の違いは0.1％程度なの。人種間の差がいかに小さいか，肌や髪の色で人を差別することがいかに愚かなことかがわかるよね。

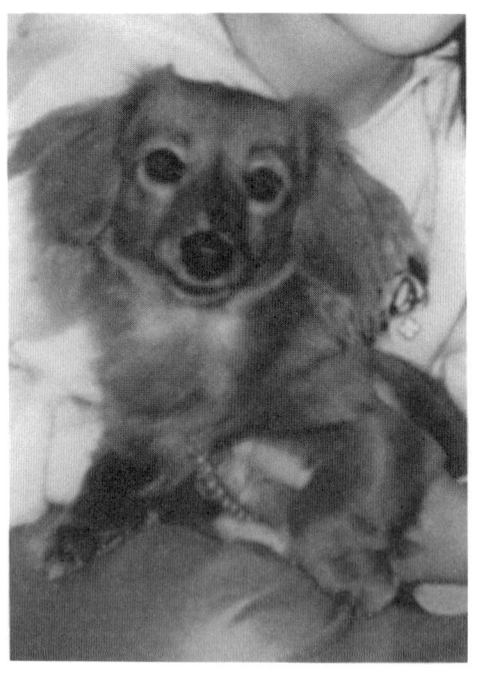
写真Ⅰ-2　ミニチュア・ダックスフント

写真Ⅰ-3　チンパンジーのアイちゃん
（中日新聞社　2002）

## ◆ ヒトとサルの違い

グラ：では，ヒトとサルの違いはどうかというと，ヒトとサルの脳で働く遺伝子の塩基配列の違いは1％位なの。いい換えると，ヒトとチンパンジーの遺伝子は99％同じ。

ジオ：チンパンジーのアイちゃんの能力の高さは証明されているね（写真Ⅰ-2）。

グラ：幼児と同じ能力らしいの。また，テレビにでてくる同じチンパンジーのパン君は感性が豊かで，ブルドッグのジェームズのことをいたわる優しさがあるよね。

ジオ：右脳が発達している証拠だね。

グラ：話を戻して，人種を分ける基準は大きく二つあって，形態的基準と計測的基準なの。まず形態的基準だけど，これは皮膚の断面をみたもので（図Ⅰ-2），Aが白人（コーカソイド），Bが黒人（ニグロイド），Cが黄色人種（モンゴロイド）ね。①は表皮のメラニン産生細胞で，②は表皮細胞，③は皮膚の角質層で絶えず再生されるの。

ジオ：Dの④は？

グラ：皮膚の表層の色素斑で，これがあると，ソバカスとなって角質層の表面に現れるの。皮膚の色は30種類〜100種類に分けられるけど，これは皮膚の表層にある黒褐色のメラニン色素の量できまるのよ。人は誰でも，メラニンを作り出す細胞を体のなかに同じ数だけもっていて，黒人は表皮のメラニンの粒子の数が多いから黒いの。

ジオ：白人は少ないから白い。じゃ，その中間の黄色人種は？

1. 人 種　5

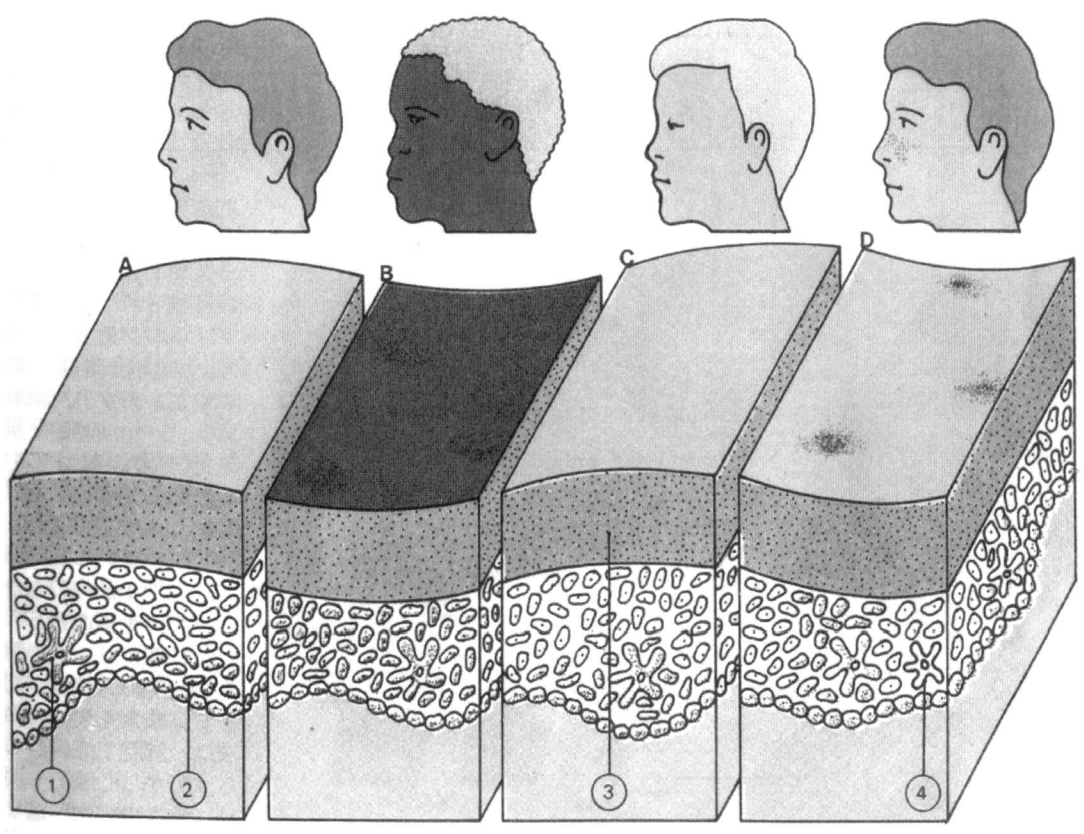

図 I-2　皮膚の断面（丸善エンサイクロペディア大百科編集委員会 1995）

**グラ**：③の皮膚の角質層にカロテンという黄色い色素が多いからなの。Bのように，黒人の皮膚は黒い。だから効果的に太陽光線を吸収しているのね。

**ジオ**：でもこれは，矛盾しているようにみえるけど……。

**グラ**：熱帯や乾燥帯で，暑さを犠牲にしても防がなければならないもの，それは紫外線なの。

**ジオ**：なるほど。日差しの強い熱帯や乾燥帯の人の肌が黒いのは，生きていくうえで当然のことなんだ。

**グラ**：そうね。メラニンは太陽からの紫外線が体の中に入る量を調節する働きがあって，この紫外線は体内でビタミンDをつくるのよ。

**ジオ**：ビタミンDは骨の生長に必要な栄養源だよね。

**グラ**：そう。このビタミンDが不足すると，くる病といって脊椎や足がまがったり，子供に多い骨軟化症や老人に多い骨粗鬆症の原因になるの。

**ジオ**：……。

**グラ**：白人がよく日光浴をしているけど，あれは彼らにとって必要不可欠な行為なのよ。

**ジオ**：どうして？

グラ：白人の多く住む高緯度地方は紫外線の量が少ないから，裸になってそれを吸収して，ビタミンDをつくっているの。

ジオ：なるほど。彼らはだてに日光浴をやっているわけではないんだ。

グラ：逆に，ビタミンDを多く吸収してきた黒人が高緯度地域に住むとくる病にかかるの。また，白人が紫外線の強い地域で生活すると，メラノーマという重い皮膚ガンにかかりやすいのよ。

ジオ：……。

グラ：肌の色というのは，気候環境に適応してその違いがみられるのね。

ジオ：ところで，グラフィー。われわれ黄色人種は必ずしも黄色ではないよね。

グラ：この黄色というのは，ヨーロッパの学者が人種を便宜的に区別するために表現したものなの。

ジオ：つまり白人の偏見……。

グラ：黄色人種のなかには，女性でも男性でも色の白い人は多いわよね。

ジオ：最近では，日本人同士でも顔とか皮膚の色の違いを気にするようになってきたね。

グラ：数年前には「美白」という言葉がはやったよね。

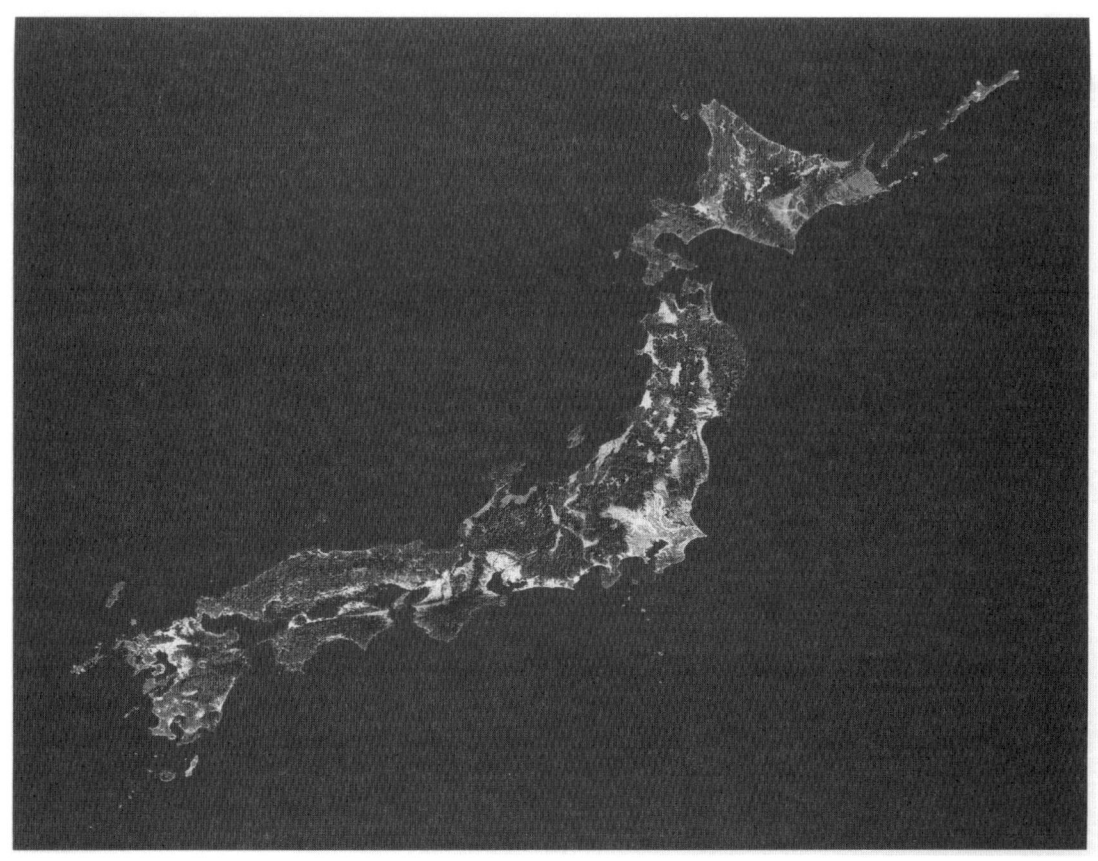

**写真Ⅰ-4　日本列島**（マイクロソフト 2001）

グラ：以前は美人の条件として「肌の白いのは七難隠す」といわれてきたのね。出雲美人，京美人，金沢美人，新潟美人，秋田美人。出雲や京都，金沢，新潟，秋田（写真Ⅰ-4）。ジオ，これらの地域に共通するのは？

ジオ：日本海沿岸地域。

グラ：そう。この地域では曇天の日が多くて，紫外線の照射量が少ないの。

ジオ：だから肌が白い。

グラ：また，日本海沿岸地域の水は炭酸カルシウムとマグネシウムが適度に入った硬水が多くて，これがお肌にいいのよ。そして，このいい水を使って作ったおいしいお米。

ジオ：日本海沿岸地域に旨い地酒ができる条件は整っているんだね。

グラ：……。

グラ：一方，「富士山の見える国に美人なし」といわれるのよ。

ジオ：この言葉の意味するところは何なの？

グラ：関東地方から東海地方は晴天の日が多くて，年間の紫外線の照射量が多いの。だから，日焼けして美しくないと，以前はいわれていたのよ。

ジオ：でも，最近では日焼けは健康的でいいという人もいるよ。

グラ：ただ，日光浴や海水浴で肌を急に焼くと，一時的なやけど現象になって，シミが一生残るから気をつけたほうがいいわよ。

ジオ：……。

グラ：ここでジオの肌が白いかどうかを確認してみようか。

ジオ：えっ？

グラ：ジオ，うでの袖をめくってみて。血管がみえているけど，この静脈の色は青に近い？それとも緑に近い？

ジオ：緑に近いかな。

グラ：これで肌の色がわかるのよ。青色に近い方が肌が白いの。古代エジプトや19世紀のヨーロッパでは，この静脈の青色の線をわざわざ肌に描いたそうよ。

ジオ：……。
でもなぜ？

グラ：これは，肌の白さを強調するためなの。当時は，透き通るような肌色が美人の条件だったのね。

ジオ：……。

グラ：ジオ，日本では私たちが生まれる前の1984年から男性用のメークが流行したのよ（図Ⅰ-3）。

ジオ：男性用のメーク？

グラ：そう。そして，10年前から再流行しているわね。当時の男性は，日焼け色のファンデーションに太めの眉をかいて，男らしさを強調した頃があったの。一方，90

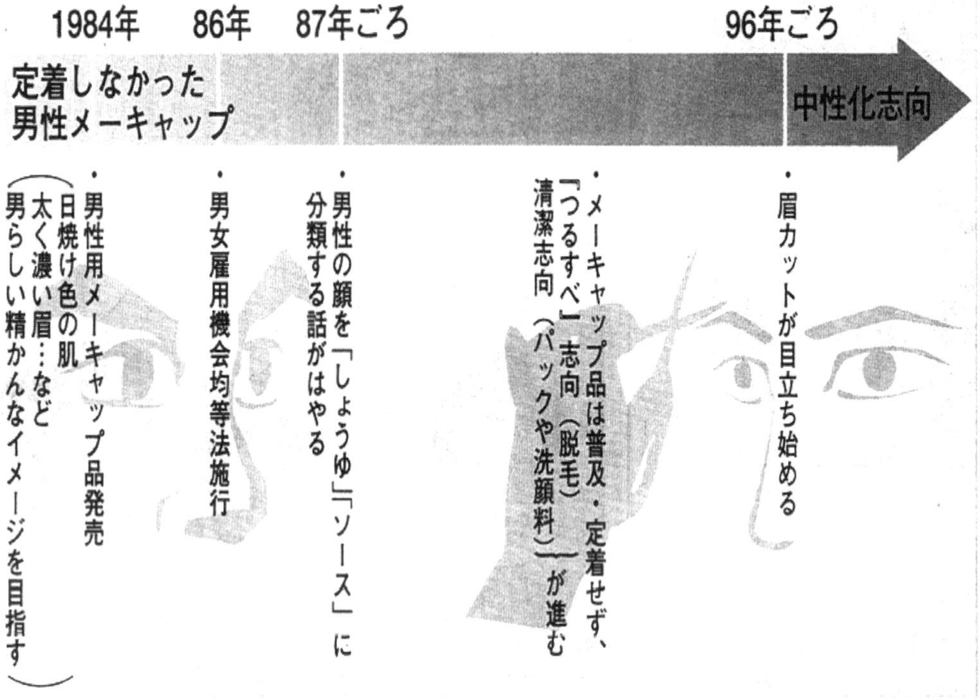

1984年　　86年　　87年ごろ　　　　　　　96年ごろ

定着しなかった男性メーキャップ　　　　　　　　　　　中性化志向

・男性用メーキャップ品発売
・日焼け色の肌
（太く濃い眉…など男らしい精かんなイメージを目指す）

・男女雇用機会均等法施行

・男性の顔を「しょうゆ」「ソース」に分類する話がはやる

・メーキャップ品は普及・定着せず、「つるすべ」志向（脱毛）清潔志向（パックや洗顔料）が進む

・眉カットが目立ち始める

図Ⅰ-3　中性化志向（中日新聞社　1998）

　　　　年頃には，女性が「男のすね毛はいやだ」といったら，ガムテープで一生懸命に脱毛する男性が増えたのよ。
ジオ：……。
グラ：これが「つるすべ」志向で，パックや洗顔料で清潔志向の男性が増えて，そして96年頃から眉カットがはやり中性化志向となったの。男性の主体性はいったいどこにいったのかしら。
ジオ：……。
グラ：これは，男性の女性化の現れだといわれているの。外見にこだわろうとする。逆にいえば，これは自信のなさの現れかも。なぜ，素顔で勝負しないのかしら。
ジオ：グラフィー，今日の話はいつになくきついね……。

グラ：話を戻すね。頭髪の色と形も人種を分ける基準になっていて（図Ⅰ-4），髪の毛の色は黒や褐色，茶色，金，灰色，白など，地域や人種によっても違うよね。
ジオ：この髪の毛は，日本人のなかでも多様じゃない？
グラ：そうね。今は染めている人が多いけど，昔は緑の黒髪や長い漆黒の髪といっていたのよ。
ジオ：ポルノグラフィティーの「アゲハチョウ」の歌詞にあるあの漆黒だね。
グラ：……。

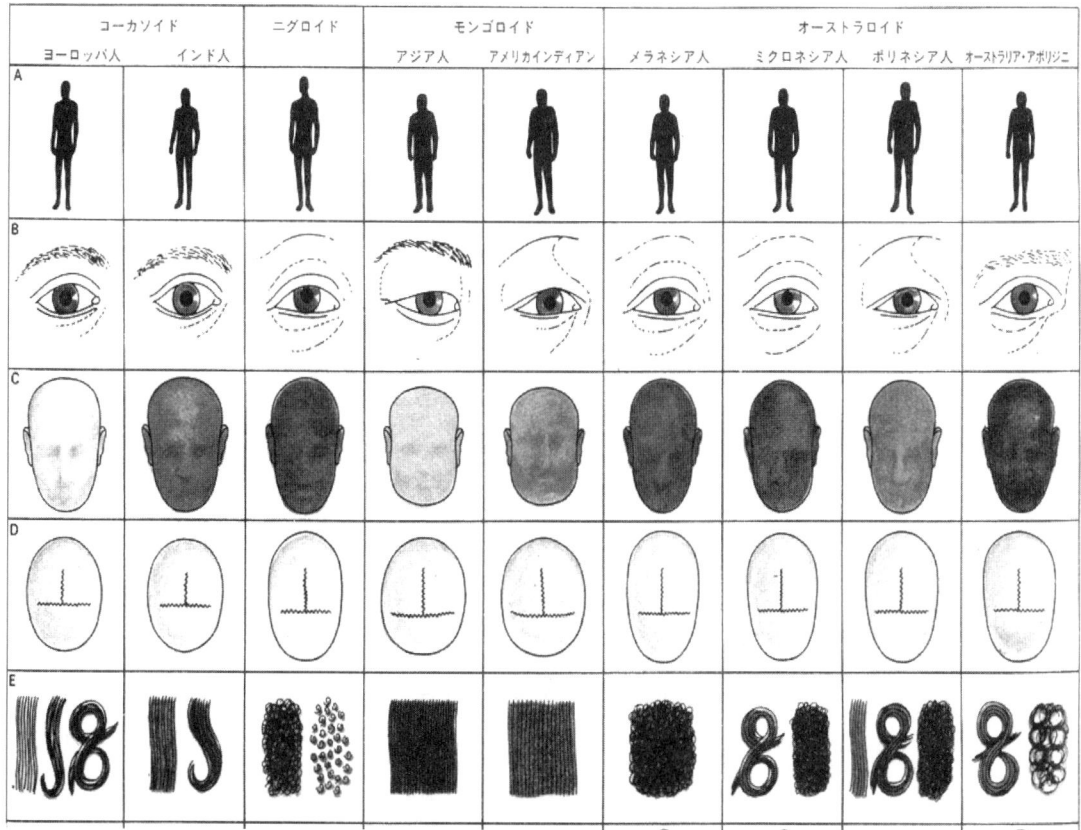

図Ⅰ-4　人類学による人類分類（丸善エンサイクロペディア大百科編集委員会 1995）

◆ 髪は長〜い友達か

**グラ**：また，髪の毛の形も人種によって違うの。モンゴロイドは直毛で断面をみると丸状。コーカソイドはウェーブのかかった波状毛で断面は楕円状，ニグロイドは縮毛で断面は扁平になっている。また，オーストラロイドは地域や民族によってさまざまなの。

**ジオ**：ある整髪料の CM で，「髪は長〜い友達」というのがあったよね。

**グラ**：髪は，毎日数 10 本ずつ抜けては生え替わるのよ。

**ジオ**：でも，われわれ男性というのは，大半の髪の毛くんたちと永久にお別れをしなければならないんだ。

**グラ**：……。

**ジオ**：この抜け毛は，抜け始めたらもう止まらない。その前兆は 20 代の後半からなんだ。

**グラ**：男性の抜け毛という現象は，遺伝とホルモンの関係で，これは仕方のないことかもしれないわね。6 割は遺伝で，あとは男性ホルモンといわれているのよ。

**ジオ**：……。

グラ：頭髪のなかでも，頭頂部は女性ホルモンで，側頭部から下とひげは男性ホルモン。だから，男性の場合，男性ホルモンの少ない頭頂部の毛が抜けるの。

ジオ：……。

グラ：この髪の毛のように，体毛は体の３ヶ所に集中しているわね。

ジオ：それはなぜ？

グラ：一つは体を守るためなの。

ジオ：じゃ，脇毛は？

グラ：人間には汗腺という汗の腺があって，これにはエクリン腺といって塩水を出す腺と，アポクリン腺といって臭いを含んだ粘液を出す腺があるの。「わきが」つまりわきの臭いは，このアポクリン腺から分泌された汗の臭いで，本来は異性を引きつけるためにあったといわれているのよ。
　　ジオ，犬のしっぽの付け根にもこのアポクリン腺があるの知ってた？

ジオ：初対面のワンちゃん同士が，よくお尻を嗅(か)いでいるけど。

グラ：ワンちゃんたちはお尻のうんちの臭いを嗅いでいるわけではないの。相手を引きつけるアポクリン腺からの臭いが，しっぽの付け根から出ているからなのよ。

ジオ：そうなんだ……。

グラ：次に，目の色と形で人種の違いをみてみようね。まず，目の色は虹彩(こうさい)つまり瞳の黒褐色のメラニン色素の量の違いで決まるの。これは，太陽の光量に比例するといわれていて，世界の人の目の色をみると，低緯度から高緯度になるに従って，黒から褐色，青，そして灰色になるわね。

グラ：ヨーロッパで比較するとよくわかるよ（図Ⅰ-5）。地中海沿岸地域の南欧から，中欧，そして北欧に行くにしたがって，肌は白くなり，髪は黒から金髪になり，目は黒から青い瞳や灰色になってゆくの。

ジオ：以前ヨーロッパに行ったことがあって，フランスからベルギー，オランダ，ドイツ，デンマークと北上したけど，確かにそういった違いがみられたね。

グラ：また，白人と黒人の目の特徴として，二重まぶた，そして目の内側を内眼角というけど，そこに粘膜があって赤い部分がみえるの（図Ⅰ-4）。

ジオ：グラフィー，人種を分けるその他の基準はあるの？

グラ：そうね。顔や頭の形，つまり顔全体や目，鼻，口，耳などが基準とされているわね。さらに，頭の前後の長さと幅，そして高さなどによって人種が分けられているの。

ジオ：ところでグラフィー，日本人の顔の形だけど，若い年齢層とそれ以上の層で違いがあるように思うんだけど。

グラ：確かに，最近日本人の顔の形に変化がみられるわね。これは食生活に原因があるとされているの。日本人はインスタント食品やレトルト食品のように，柔らかいものを多く食べるようになったよね。その反面，鉄分やカルシウム分をとらなくなってきている。固いものを食べなくなったために，あごの発達が悪くなってきているのね。

図Ⅰ-5　ヨーロッパ（マイクロソフト 2001）

ジオ：じゃぁ，日本人は将来はどんな顔になるの？
グラ：これは顔の変化をシュミレートしたものだけど（写真Ⅰ-5），細あご傾向が顕著になるのよ。
ジオ：こういう顔の人を，これからは「未来人」とよぶことにしよう。
グラ：……。
ジオ：グラフィー，現代人の顔はどのように変化してきたの？
グラ：一般的には，縄文人と渡来系弥生人との混血によって，現代日本人が形成されたといわれてるよね（写真Ⅰ-6）。また，先程男性の女性化という話をしたけど，ジオ，これを見くらべてみて（写真Ⅰ-7）。
グラ：これは，コンピュータで男女30人ずつの顔を合成したものだけど，ジオはどの顔にもっとも好印象をもつ？
ジオ：う〜ん……。
グラ：最近，女性的な顔に魅力を感じる人が増えてきているの。
ジオ：……。
グラ：それから，若い人達の顔の形は，うつ伏せ寝のためにあごの発達が悪くなってきて

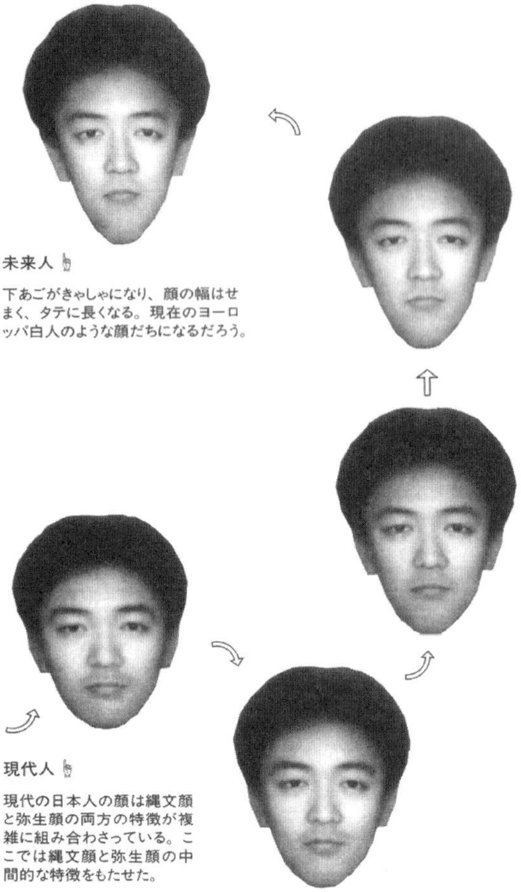

未来人
下あごがきゃしゃになり、顔の幅はせまく、タテに長くなる。現在のヨーロッパ白人のような顔だちになるだろう。
現代人
現代の日本人の顔は縄文顔と弥生顔の両方の特徴が複雑に組み合わさっている。ここでは縄文顔と弥生顔の中間的な特徴をもたせた。

**写真Ⅰ-5　現代人→未来人**（原島・馬場 1996）

【日本人の顔の変化のシミュレーション】
縄文人、渡来系弥生人、現代人、未来人はそれぞれ実測あるいは予測骨格データに基づいて作製した。なお、縄文人、渡来系弥生人の顔は、現代人でその特徴をもつ複数の人の顔写真から合成した。
縄文人
四角ばった彫りの深い顔だち、二重まぶた、濃い眉とひげという特徴をもつ。
渡来系弥生人
長円形ののっぺりした平坦な顔、一重まぶた、薄い眉とひげという特徴をもつ。

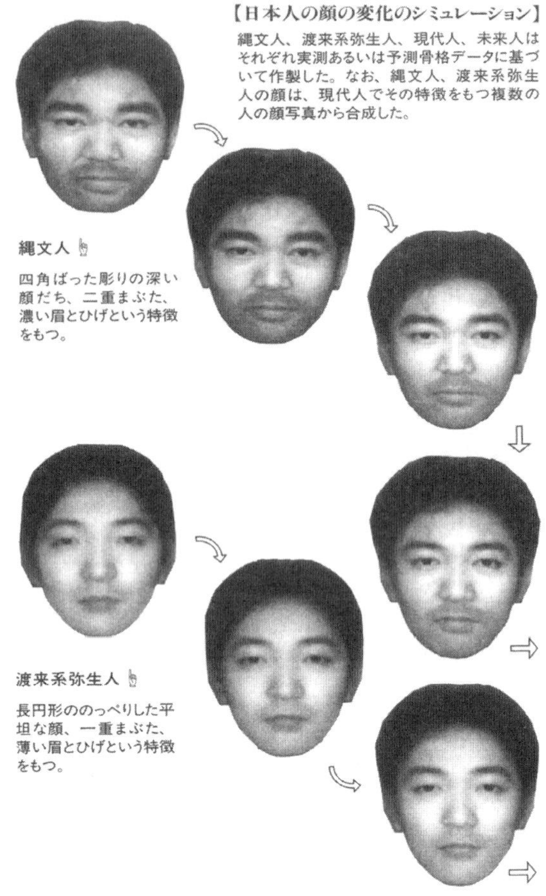

**写真Ⅰ-6　縄文人・弥生人→現代人**（原島・馬場 1996）

どの顔に最も好印象を持つ？
50% feminised
average
50% masculinised
もっと女性的に
もっと男性的に
平均顔（男性）
（ATR人間情報通信研究所提供）

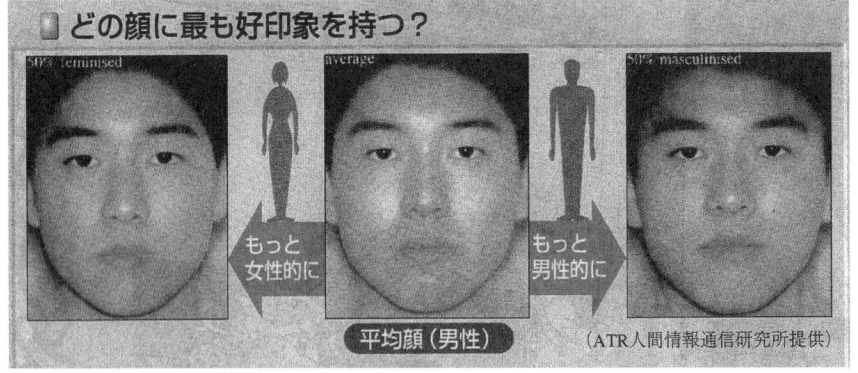

**写真Ⅰ-7　現代の顔を考える**（中日新聞社 1998）

いるのよ。以前は，このうつ伏せ寝の方がいいということで，私たちが赤ちゃんの時にはそのように育てられたことが多かったわね。私たちの世代で，うつ伏せ寝でないと眠れない人，朝起きるとうつ伏せ寝になっている人は，そうして育てられた

かもしれないね。

ところが，このうつ伏せ寝のために，呼吸器官の圧迫で赤ちゃんの突然死が増えているのよ。また，うつ伏せ寝であごが細くなって，「歯列不正」といって歯並びの悪い人も増えてるのね。

ジオ：歯列不正？

グラ：そう。乳歯は6歳ごろから抜け始めて，25歳ごろまでには親知らずを含めて32本の永久歯に生え替わるよね。原因は不明だけど，最近永久歯に生え替わらない人が増えているらしいの。

ジオ：……。

グラ：乳歯はもともと弱いから，次第に抜けていっていずれは総入れ歯になってしまう人が女性を中心に増えているのよ。永久歯は細いあごに決まった32本が先を争って生えてくるから，あごの骨と歯のバランスが崩れるのね。

ジオ：八重歯はその典型だね。たとえは悪いけど，電車の長いすの座席で一人浮いて座っている人がいるよね。座席のわずかな隙間にお尻を押し込めて座っているようなあの浮いた状態，これが八重歯だよね。

グラ：……。


グラ：こうした顔の変化とともに日本人の体の変化はどうかというと，これは100年間の身長の推移をみたものだけど（図Ⅰ-6），17歳の男子の平均身長は171cmで女子は159cm。この100年間に10cm以上伸びているの。ただ，2004年の報道によると，男女とも座高が伸びて相対的に足が短くなっているらしいね。

ジオ：ところでグラフィー，人種の違いと血液型とは関係あるの？

グラ：血液型は遺伝様式で，人種を分ける直接の基準とはならないの。ただし例外があって，中・南米のインディオにはO型が多くて，北米のインディアンにはA型が多い

図Ⅰ-6　身長の推移（中日新聞社 2000）

のよ。これは血族結婚の結果で，同型の血液型の人が多いといわれているの。

ジオ：グラフィー，人種分類のもう一つの基準というのは？

グラ：これは計測的なもので，身長や座高，体重，肩の幅，腕の長さや下肢(足)の長さで人種が分けられているのよ。18世紀のスウェーデンの生物学者にカール・リンネという人がいて，彼は植物の分類でも業績を残した人なの。「人種分類の祖」といわれていて，人種を五つに区分しているの。1番目はインディアン・ヨーロッパ人，2番目はアジア人，3番目は黒人。ここまではよかったけど，4番目が野蛮人，5番目が化け物。

ジオ：……。
「人種分類の祖」とよばれている人の区分が……。

グラ：こうした人種が変異することについて，四つの要因が提示されているのよ。1番目は気候に対する適応，2番目は進化にともなう身体的特徴の多様化，そして3番目は繁殖様式上の差異で混血や隔離など。さらに4番目は偶然性なの。

ジオ：ちょっと難しいね。

グラ：分かりやすくいうと，まず1番目の気候に対する適応，これには三つの考えがあるの。まずグロージャーの法則で，これは低緯度地方の動物は皮膚の色が濃くて，高緯度地方では淡くなるというもので，紫外線の照射の量とメラニン色素の量が皮膚の色の違いとなっているのね。

ジオ：確かに，高緯度と低緯度では皮膚の色は違ってるね。

グラ：次にベルクマンの法則。これは，寒冷な地方では体が大きくなって，熱帯地方では小さくなるというものなの。

ジオ：確かに，ヨーロッパでも北欧と南欧で比較すると，こういうことがいえるね。

グラ：同じモンゴロイドでも，カナダインディアンの体は大きいけど，赤道付近のインディオは小さいよね。
このベルクマンの法則というのは，哺乳類は恒温動物だから体温を一定に保つ働きがあって，体温の蓄積は体重に比例するの。放熱は体表，つまり皮膚の面積に比例するという考えに基づいているのね。だから，体が小さいと体重の割りに体表面積が大きくなって，体温を放散することになるの。
ジオ，逆に体が大きいと？

ジオ：体重の割りに体表面積が小さくなって，体温を保持することになるんだ。

グラ：そう。さらにアレンの法則。これは，寒い地域の動物は暑い地域よりも丸みを帯びた体になるというものなの。実際に，典型的なモンゴロイドのイヌイットとよばれる人たちの体はずんぐりしているよね。

ジオ：このイヌイット。以前はエスキモー(生肉を食べる人)といってなかった？

グラ：そうね。1993年の中学の社会の教科書から，エスキモーは「人びと」を意味するイヌイットに変更されているの。このイヌイットは体表面積が小さくて，顔が平らで丸顔。体温が外に逃げてしまわないように体ができているのね。

また，彼らは短足で鼻が低くて，そして細くてはれぼったい目をしているの。つまり，一重まぶた。これは，眼球が寒さで凍らないように一重まぶたになっているのよ。
ジオ：極地方では涙も凍ってしまうものね。
グラ：さらに，イヌイットの特徴として，顔のうぶ毛が少ないの。これは，吐く息が凍ってうぶ毛につくためになくなっているのよ。

グラ：次に，世界の人種の特徴とその分布について具体的にみてゆくね。ジオ，三大人種というと？
ジオ：白色人種と黄色人種，それに黒色人種。
グラ：そうね。大きくは，コーカソイドと新モンゴロイド，ニグロイドに3区分されるわね（図Ⅰ-7）。まず，ヨーロッパ人種（白色人種）あるいはコーカソイドともいうけど，これは大きく三つに分かれるの。ヨーロッパ系人種は北欧から南欧にかけて，そして新大陸に分布しているの。また，インド・アフガン系人種は南アジアからアフガニスタン，イランにかけて，セム・ハム系人種はアラビア半島から北アフリカに分布しているわね。
ジオ：われわれアジア人種は？
グラ：黄色人種あるいは新モンゴロイドとよばれているよね。このモンゴロイドの特徴だけど，一つは蒙古斑といって，モンゴロイドには表皮層中にメラニン色素細胞があるために，お尻に青色の斑紋ができるの。
ジオ：赤ちゃんのお尻にみられる青アザだね。
グラ：これはモンゴロイドに出現率が高くて，日本人の99.5％が生まれて1歳までにできて，幼児期にはなくなるの。ジオ，今晩お風呂で確認してみて。もし蒙古斑が残っていたら，幼児性がぬけていないかも。
ジオ：……。
グラ：二つ目は蒙古皺襞といって，これはしわとひだのことなの。まぶたの内側に半月状のひだがあって，一重まぶたの人に多いのよ（図Ⅰ-8）。
ジオ：グラフィー，僕にはある？
グラ：ジオは二重まぶただからないよ。
　　　そして，もう一つのモンゴロイドの特徴。それは，アセドアルデヒドというアルコールの分解酵素で，日本人ではこのアルコールに対する適応性のある人は半分，つまりお酒の飲めない人が半分なの。
ジオ：アルコールの分解酵素があるかどうかをどうやって判別するの？
グラ：たとえば，エタノール・パッチテストというのがあって，これは『衣食住の旅』で紹介するね。アルコールがだめな人たちは，このアセドアルデヒドの分解酵素がないか少ない人たちなの。ジオ，だからコンパではお酒の無理強いをしたらだめ。お酒に飲まれたらおしまい。お酒は味わうものよ。
ジオ：……。

16　第Ⅰ部　人種と民族

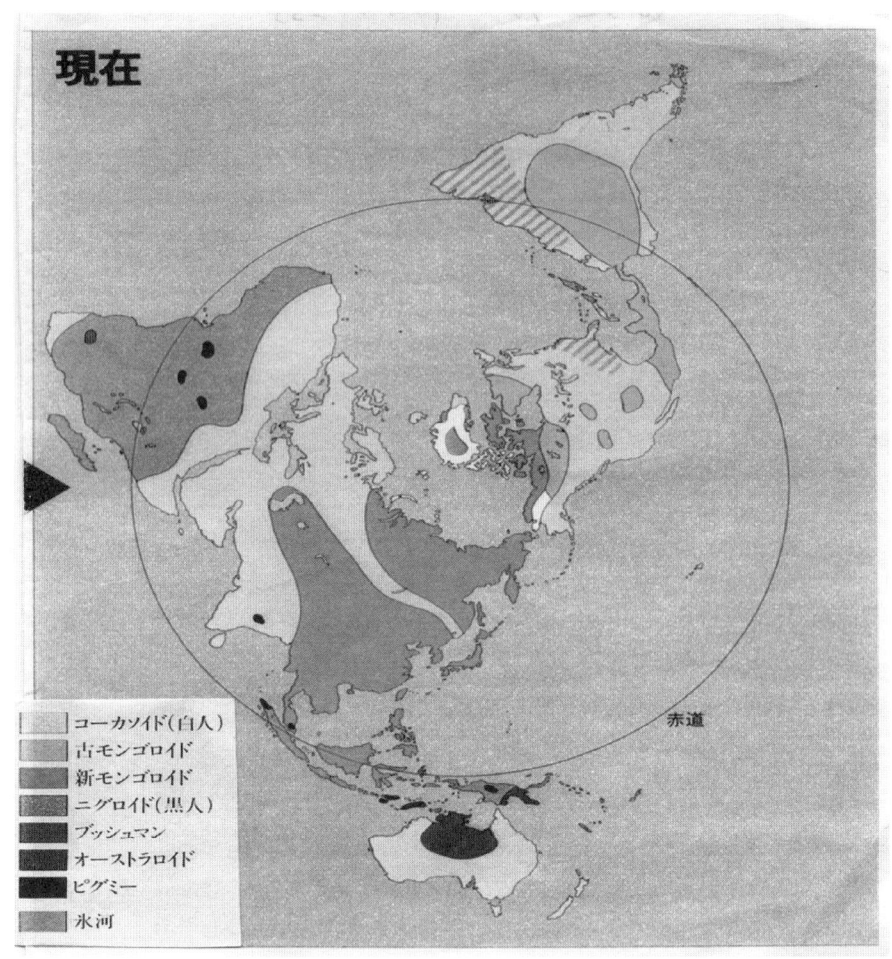

図Ⅰ-7　人種分布の変遷－現在（香原 1984）

**グラ**：話を戻して，私たち新モンゴロイドの分布は，ユーラシア東部やカナダ北部のイヌイットの居住域など広範囲にわたっているわね（図Ⅰ-7）。
　ところで，日本人は2種類のモンゴロイドとその混血から構成されていて，北方系と南方系のモンゴロイドからなるのよ。

**ジオ**：両者の違いは？

**グラ**：身体的な特徴の違いとその分布をみてみると，北方アジア系は全般的に身長が高くて，顔は扁平で面長。目が細くて一重まぶたで，鼻の幅がやや細いの（図Ⅰ-8）。これは，弥生人タイプとよばれる人たちで，北九州から中国地方，近畿地方にかけての主に西日本に分布しているのよ。

**グラ**：これに対して，南方アジア系は身長が低くて，顔は凹凸に富んで目が大きく二重まぶたで，鼻の幅がやや広い縄文人タイプなの（図Ⅰ-9）。この南方系は，北海道と九州南部から沖縄，一部の離島に分布しているのよ。

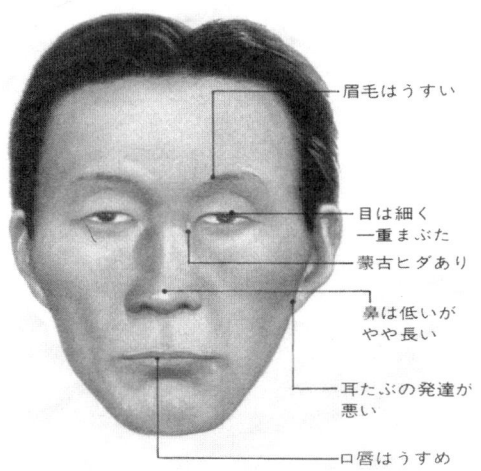

図Ⅰ-8　北方系モンゴロイド（埴原 1986）

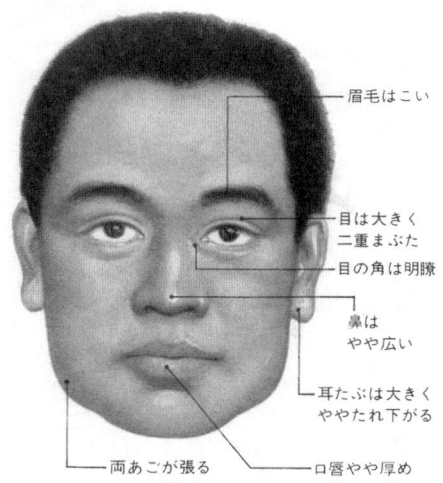

図Ⅰ-9　南方系モンゴロイド（埴原 1986）

## ◆ あなたの祖先は縄文人？それとも弥生人？

**グラ**：さて，ジオは縄文人タイプ？それとも弥生人タイプ？

**ジオ**：もちろん縄文人タイプ。グラフィーは弥生人タイプだね。

**グラ**：そうかも……。

そして，3番目の人種として，アフリカ人種（黒色人種）あるいはニグロイドで，特徴は長身で唇が厚くてあごが出ているの。なお，アメリカ合衆国の黒色人種は数世紀の間に変化をしてきて，肌の色や顔の形，髪の質に多様性がみられるのよ。

**ジオ**：どうして？

**グラ**：これは自然環境や社会環境による変化で，気候や食生活，混血などによって変化をしてきたのね。

また，長身のこのアフリカ人種のなかには小ニグロとよばれる人びとがいて，これをカポイドともいうの。ニグロイドのなかでも「背丈の小さい人」という意味なのね。

**ジオ**：ニグロイドでも小さな人たちがいるんだ……。

**グラ**：彼らはニグリロ族とネグリト族とに分けられて，ニグリロ族はアフリカのカラハリ砂漠（図Ⅰ-10）に居住する人びとなの。正式名称はコイサン族で，これはコイ・コインとサン・クァからなるのよ。このコイ・コインは「人間のなかの人間」という意味で，サン・クァは「サン族の人びと」という意味ね。

**ジオ**：両者をあわせたのがコイサン族なんだ。

**グラ**：そう。このコイサン族のなかには，遊牧を営むホッテントット，これは「どもる人」

18　第Ⅰ部　人種と民族

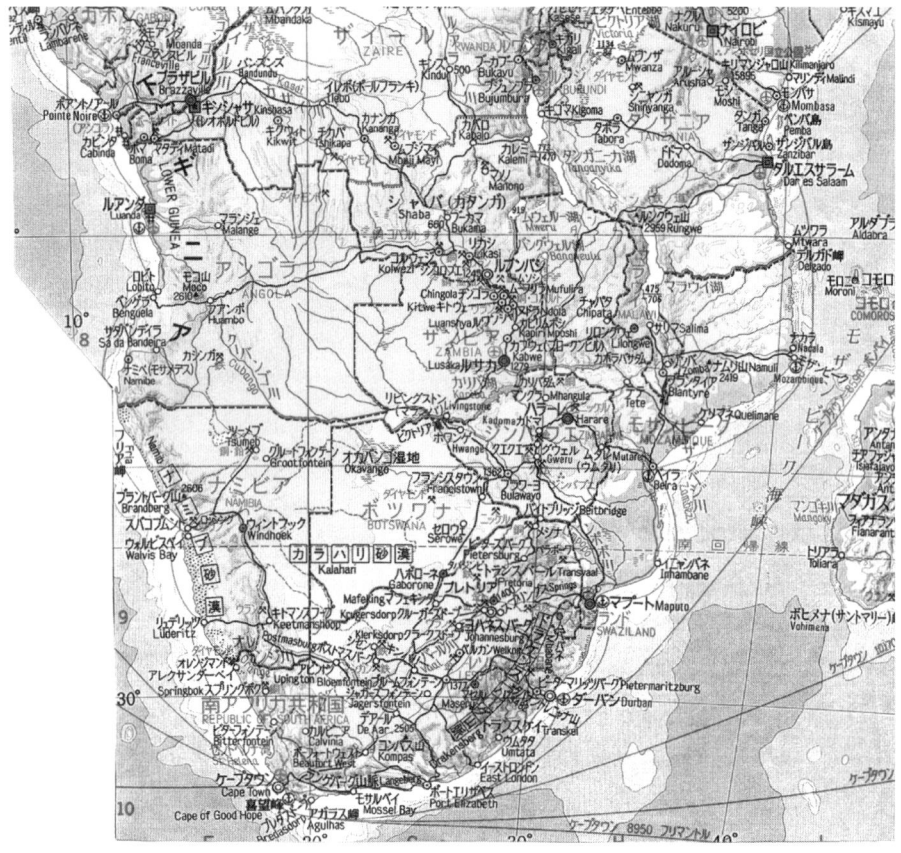

図Ⅰ-10　カラハリ砂漠（二宮書店編集部 1995）

という意味で，オランダ系移民のブーア人あるいはボーア人がつけた別称なの。また，狩猟や採集を生業とする人たちをブッシュマンといって，「森に住む人」という意味なのよ。ブッシュマンは自称「ズフ・トワ・シ」といって，「害のない人」という意味ね。その他には，東南アジアに居住する小ニグロとして，ネグリト族がいるのよ。

ジオ：ところでグラフィー，次の文章は何？
グラ：「石器時代に生きるブッシュマン」と題するブッシュマンの生活を紹介したもので，彼らの生活の一端を理解してほしいの。

　ブッシュマンは狩猟採集民だから，定住しない。２週間ぐらいで，あちこちへ移動する。だから彼らの家はしごく簡単で，草の家をたてるには２週間もあれば足りる。ブッシュマンはマッチをもっていないから，石器時代さながらの方法で火をおこす。まず，比較的やわらかい長い棒を尻の下に敷いて動かないようにし，その棒の刻み目に，別のとがった堅く細い棒を直角におしつけて，錐のようにもむ。すると10

秒たらずで煙がでて，木炭の粉のようになった木屑がおちて，棒の下においたタキツケの乾燥した糞に点火される。それをさらに乾いた草に移すと，ポッと炎があがる。この過程はだいたい45秒ぐらい。

砂漠の自然はきびしい。とくに乾期と雨期によって，獲得する動物性，植物性食糧の量に大きな差がある。そこで，食糧が豊富な季節にうんと食べ，乏しい時にはあまり食べなくてもいいように，つまり食いだめができるように，身体がつくられた。太ったり，やせたりすれば，皺が多くなるのは，当然だ。ステアトパイジア＊の現象は，ちょうどラクダのコブがそうであるように，飢餓の際の用意に，脂肪を貯えるためのものだ。小さな身体は，水をあまり摂らなくてもいいようにという，神の思し召しによる。

ブッシュマンには，他の種族にみられないいろんな身体上の特徴がある。尻がつきでてステアトパイジアという現象，皮膚がたるみがちで皺が多いこと，身体がいたって小さいことなど。

ブッシュマンは私たちの捨てたものはなんでも拾う。紙はないから，インスタント・ラーメンの空袋さえ珍しい。これは紐状に撚って首輪に飾りつける。コンビーフの輪形になったブリキ片は，腕にまいて腕輪にする。切れた靴紐は，足輪にするといった具合だ。私たちは日本の扇子をもっていったが，これは喜ばれた。ふんどしの上に，腰からつるすのだ。

ブッシュマンはふだんは裸で，男女とも三角形のふんどしのようなものを腰につけるだけだ。そして寒い時はマントふうのものを着る。これは膝の上までのものと，膝の下におよぶ長いものとがある。彼らは繊維製品を知らないから，これはもちろん皮でできている。帽子はジャッカルの皮でつくる。

ブッシュマン社会には首長めいたものは全然いない。

では，このように首長がいない社会では，どのようにして秩序が保たれるのか。だれが争いをおさめ，だれがムラの意見を代表するスポークスマンの役割をつとめるのか。答えは「みんなの意見」だ。ブッシュマンは私たちのようには個人の行為を異なった範疇に区分しない。怠惰，暴力，姦通，エチケットの違反などといってみても，結局すべてムラの平和に影響する問題だ。だから，ことがおこれば皆で相談して処理する。

悪いおこないをしたものは，皆からとがめられる。彼らの社会では連帯感がひじょうに強いので，とがめられた当人は痛切に孤独感を味わう。そしてこれがなによりも効果的な罰となる。したがって体罰は行われない。暴力行為は，それを見ることさえおそろしいと，彼らは感じている。

ブッシュマンは世界で最も平和を愛する種族かもしれない。

カラハリ砂漠には有棘叢林が多いので，彼らもときどき怪我をする。そのときは種々の薬草をはりつけ，革紐でしばる。しかし怪我は子供に多く，大人たちは注意深いこともあって，あまり怪我をしない。叢林を通るとき，私の着るスポーツ・シャツ

が棘にひっかかって破れたことがあるが,裸のブッシュマンは平気だった。身体じゅうの皮膚が,まるで足の裏のようになっているのだ。

ブッシュマンは眼と耳がすばらしくよく,歯も強い。また,暑さ寒さにたいする抵抗力もある。南カラハリのマタテ・バンの近くで野営をしたとき,夜明けに零度以下となり,私たちはテントで寝袋にもぐっていてさえ,寒かった。それなのにブッシュマンは,戸外で焚火のそばで毛皮にくるまっていただけ。私たちとは皮膚の厚さが違うようにみえるが,しかしこれにはわけがある。

ブッシュマンは下着をきない。前掛けのようなものを腰にまくが,これは保温のためではない。寒いときには,膝の下までとどく長く大きな皮のマントをまとう。下はあけっぴろげだが,寝るときは横むきになって膝をまげて,すそをふさぐ。また首のところで革紐をしっかりしめる。こうすると暖かい空気がにげず,たいへん暖かいわけだ。厚い毛皮でつめたい外気を遮断し,体温によって毛皮の内側に暖かい空気の層をつくること,それが彼らが寒さを感じない理由だ。

しかし暑さとなるとそうはいかない。ふだん裸のブッシュマンはそれ以上脱ぐことができない。ノカネングで,ひとりの男が涼をとる光景を目撃した。小便をしたところの,湿気をおびた砂を身体にふりかけて,その場所に横臥するのだ。ブッシュマンのムラでは,小便をする場所は,一定の場所に限られており,どこでもいいわけではない。その点ところかまわず立ち小便をするどこかの国よりも進んでいる。男たちは,彼らが「男の木」とよんでいる木の下に,女たちは「女の木」の下に,小便をする。だから,一人の男が涼をとるに足る量の,しめった砂があるわけだ。

ブッシュマンは小柄で,肉が少なく,あまり大きな力を出すことができない。だが我慢強いので,長い距離を歩いたり,ひじょうな早さで走ったりする。ブッシュマンに案内させて,ツォディロ・セルの岩壁画を調べたとき,まるで猿のような身軽さにとてもついていけず,降参した。すらりとした細い足は,まるでカモシカのようだ。　　　　　　　　　　　　　　　（『紀行全集 世界体験 12 アフリカ』より）

＊臀部脂肪蓄積で,臀部に過度の脂肪がたまった状態をいい,食糧が欠乏したときに備えるための生理学的な現象。

ジオ：まさに,石器時代に生きるブッシュマンだね。
グラ：ところで,1982年に「ブッシュマン」という映画が上映されたことがあるの。
ジオ：僕らが生まれる前だね。
グラ：監督はジャミー・ユイスという人で,彼はカラハリ砂漠でこの映画の主人公を半年かけて探して,最終的にニカウさんという人が選ばれたの。その理由は彼の笑顔なのよ。
ジオ：笑顔？
グラ：そう。映画では「カイ」という名前ででてくるの。この映画で,ブッシュマンの物

に対する考え方に注目すると，それはアニミズムという自然崇拝なの。
　　　また，ブッシュマンの生活と現代文明との比較がうまく描かれている。つまり，「自然環境に適応して生きてゆくブッシュマン」と「自然環境を改変して生きてゆく文明人・現代人」との比較なのね。
ジオ：えっ？
グラ：たとえば，時間に制約されないブッシュマンと分刻みで生きている現代人との比較。ジオ，自然と人間とが共存している世界に，もし新しい文明が入ってきたら，村の人間関係はどうなると思う？村落共同体はどうなると思う？
ジオ：……。
グラ：それが，この映画のテーマの一つなの。たとえば，上空を飛ぶセスナから捨てたコーラのビンが村に落ちてくる。
ジオ：コーラのビン……。
グラ：利便性の高いこのコーラのビン一つで，自己保持の欲望が芽生え，ねたみ，憎しみ，暴力が生まれて，人間関係が崩れてしまう。村の生活共同体に歪みが生じるの。そこで，カイがこのコーラのビンを神様のもとに返しにゆくというストーリーなのね。
ジオ：アニミズムだね。
グラ：この映画は，一部はコミカルに描いてあるけど，ジャミー・ユイス監督は現代社会を風刺するためにこの映画をつくったと思うの。
　　　ところが，日本のあるテレビ局が，この映画の主人公のニカウさんを日本によんで，メディアを通して全国で大キャンペーンをやったのよ。ブッシュマンダンスコンクール，ブッシュマンルックまではやったの。また，この大キャンペーンをテレビでみて喜ぶ日本人がいたの。
ジオ：……。
　　　ブッシュマンを低くみた日本人のアフリカ観の顕著な現れだね。
グラ：ジャミー・ユイス監督のこの映画の制作意図を理解できない集団。それが30年も前の多くの日本人だったの。
　　　主人公のこのニカウさんだけど，2003年の7月にカラハリ砂漠で自然死をされたのよ。
ジオ：……。
グラ：たきぎ拾いに行ったまま，草原で大地に戻られたの。59歳ぐらいというから，ブッシュマンの世界では長生きのほうね。
ジオ：僕もこのニカウさんのように自然死がいいな……。
グラ：……。

グラ：話を戻すね。コーカソイド，モンゴロイド，ニグロイドを三大人種というけど，これらにアメリカ人種，オーストラリア先住民を加えて五大人種ということもあるのよ。まず，アメリカ人種（銅色人種）でアメリカインディアンやインディオに代表

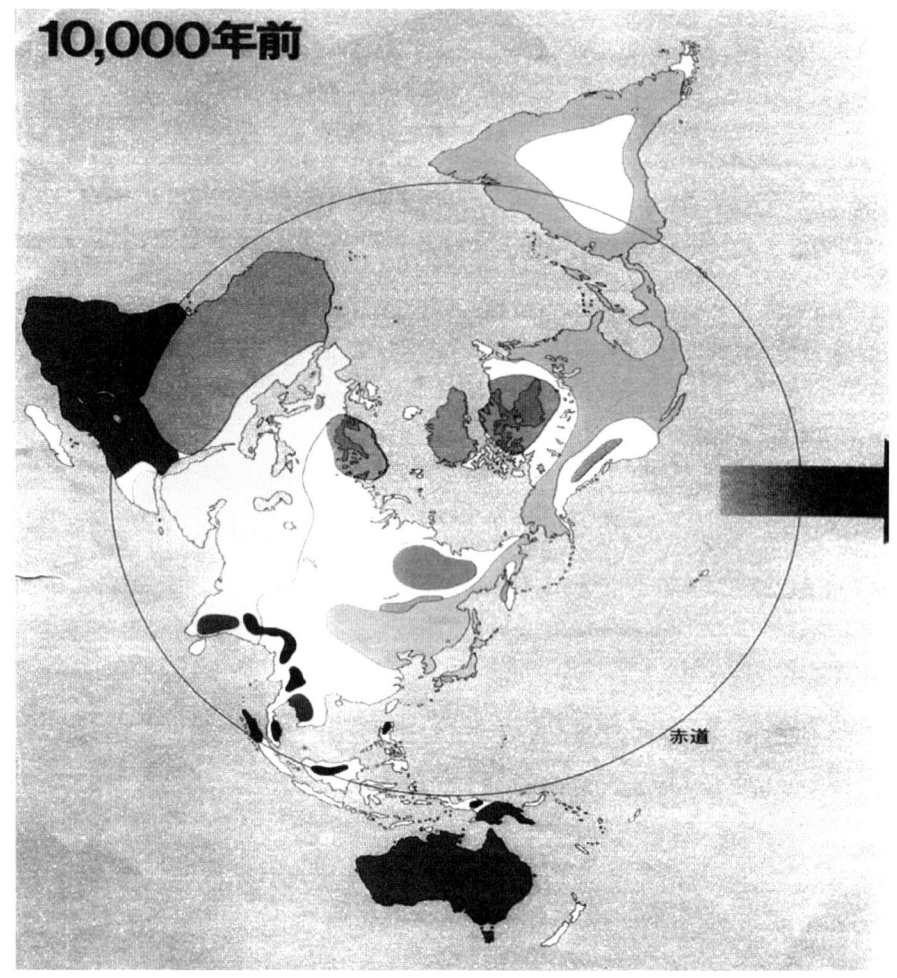

図Ⅰ-12　人種分布の変遷－1万年前（香原 1984）

される人たちね。古モンゴロイドの分布域をみると，ベーリング海峡を越えて，北米から中南米，パタゴニアまで広がっているよね（図Ⅰ-7）。

**ジオ**：マヤ文明やインカ文明を誕生させたのは，この古モンゴロイドのインディオの人たちだったんだ……。

**グラ**：これは1万年前の各人種の分布をみたものよ（図Ⅰ-12）。東アジアからやってきた古モンゴロイドは，氷河が溶けてできた狭窄部を通り抜けて，中南米に拡大したとされているの。約2万年前～1万2000年前にかけて，南米のパタゴニアまで到達しているのよ。

**ジオ**：最近，古モンゴロイドはそれよりもさらに古い4万年前～3万年前にも移動したとする説が，ブラジルの研究者によって発表されたみたいだね。

**グラ**：次に，オーストラリア先住民（褐色人種），オーストラロイドとよばれる人たちに

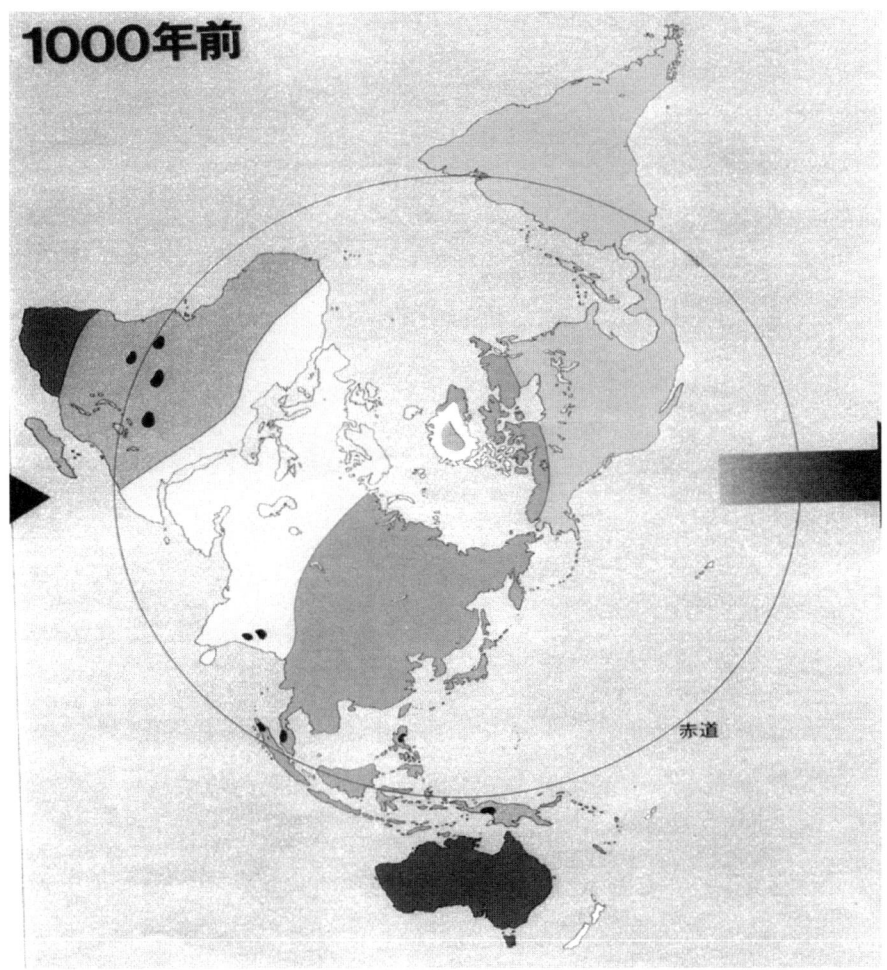

図 I -13　人種分布の変遷－1000 年前（香原 1984）

ついてみてみるね。

　これは 1000 年前の人種の分布をみたものだけど（図 I -13），オーストラロイドは以前はオーストラリア大陸全域に分布していたの。ただ，ニュージーランドには白色で示してあるように，1000 年前まで人は住んでいなかったとされているの。

**ジオ**：この間の人間の居住の痕跡がないということ？

**グラ**：そう。また，現在のオーストラロイドの分布をみると，オーストラリアのアボリジニはノーザンテリトリーという北部地方に居住しているのよ（図 I -14）。

**ジオ**：シドニーオリンピックの時の陸上のキャシー・フリーマンもこのアボリジニの出身だったよね。

**グラ**：また，パプアニューギニアの一部にはネグリト族，ポリネシアにはマオリ族が点在しているの。さらに，タスマニア島にはタスマニア人がいたけど，絶滅してしまって今はコーカソイドの分布域になっているわね。

24　第 I 部　人種と民族

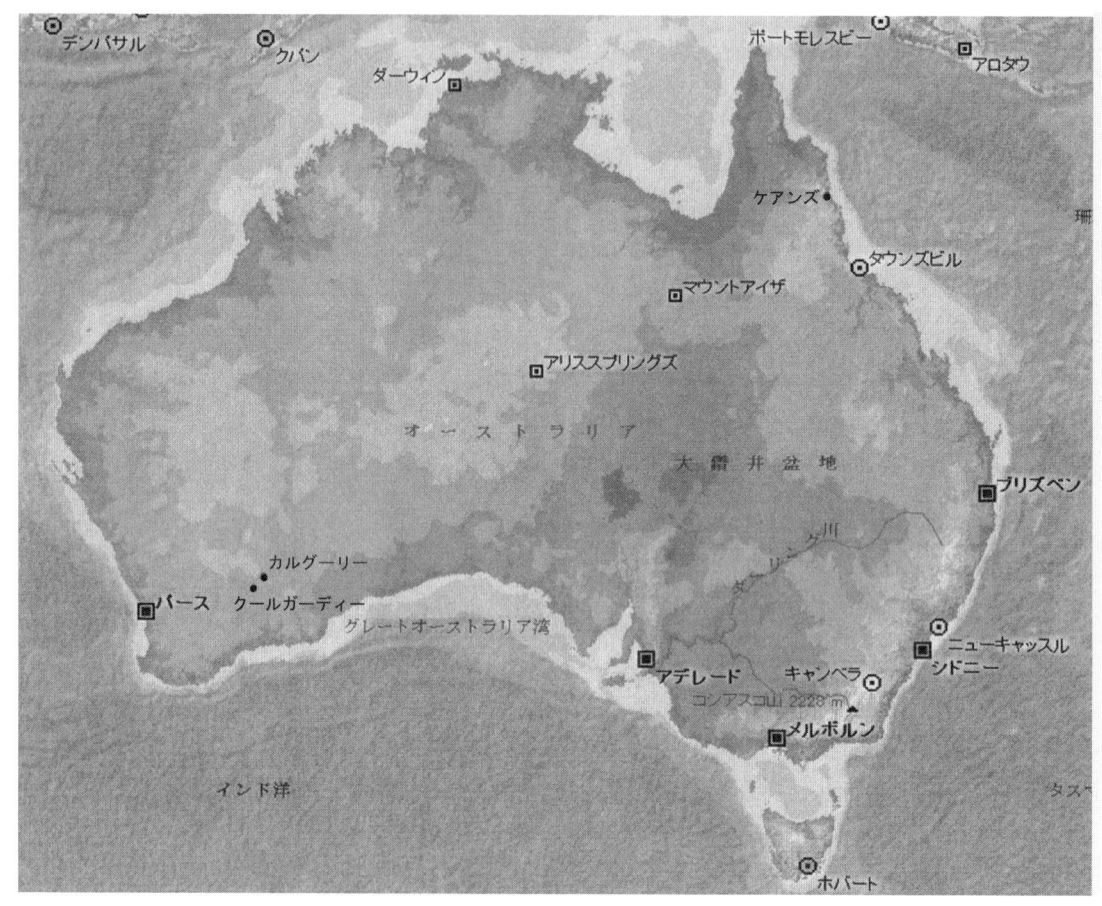

図 I -14　オーストラリア（マイクロソフト 2001）

　　ジオ，タスマニア人の最後のひとりといわれたおばあさんがいたのよ。民俗調査で，このおばあさんへのヒアリングがおこなわれて，タスマニア人の生活が記録されているの。
**グラ**：ジオ，人種島というのを知ってる？
**ジオ**：人種島？
**グラ**：これは，ある人種の分布域に島のように点在する少数の人種，またはその分布域のことをいうの。たとえば，モンゴロイドのフィン人はフィンランドに居住して，別名スオミともよばれるけど，彼らは周りをコーカソイドに囲まれた人種島を形成しているのよ。同じく，モンゴロイドのマジャール人の住む内陸国のハンガリーもコーカソイドのなかの人種島なの。

## b．混　　血

グラ：次に混血についてみてみるね。
ジオ：言葉としては適当ではないね。
グラ：そうね。世界では，これまでに政治的要因とか経済的要因によって，人びとの国際的な移動が生じていて，混血の人びとの多くが中南米を中心に分布しているの。この国際的移動は，15・16世紀のスペイン人やポルトガル人といったラテン系白人の入植に始まるのね。
　　　また，18世紀になると黒人奴隷の強制移動がおこなわれるの。
ジオ：強制移動……。
グラ：さらに，19世紀以降にはイタリア人や中国人，日本人の移民の増加が顕著になって，そして戦後には世界各地からアメリカ大陸への移住が進んでいるよね。
ジオ：こうした結果，混血が生じるんだ。
グラ：そして，それは大きく三つに分かれるの。白人とインディオとの混血がメスチゾで，中南米の特にメキシコを中心に分布しているわね。白人と黒人との混血がムラット（ー）トで，カリブ海地域やブラジルの東部が主要分布域となっていて，ブラジルでは人口の約4割（2000年）がこのムラットなの。なお，この白人と黒人との混血を，アフリカ南部の南ア共和国ではカラード（色のついた）というの。
　　　3番目としてサンボ（ザンボ），またはクリボーカ。これはインディオと黒人との混血で，中南米全域でみられるわね。
ジオ：この混血のよび方は混乱するけど，こうしたら覚えやすいんじゃないかな（図Ⅰ-15）。たとえば白人と黒人だから白と黒のムラ。白人とインディオの字の頭をとってハクメイ。黒人とインディオだからコクサイ。
グラ：……。

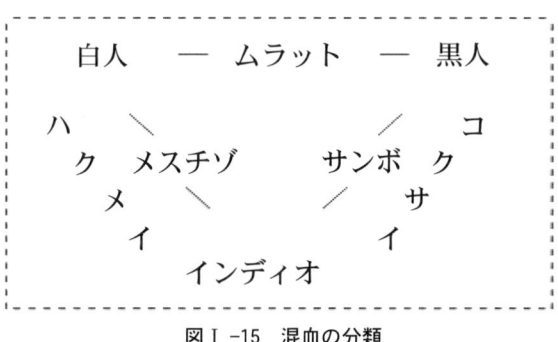

図Ⅰ-15　混血の分類

## c．人種問題

グラ：そして，この人種の違いが，世界各地でさまざまな人種問題を引き起こしているの。

ここでは，南ア共和国とアメリカ合衆国，オーストラリアの3ヶ国の人種問題について考えてみるね。
　　　まず，南ア共和国での人種問題で，これを「アパルトヘイト（人種隔離政策）」とよんでいるの。
ジオ：アパルトヘイト？
グラ：「分離」や「隔離」という意味で，これは1948年に南ア共和国に人種差別体制がしかれたことに始まるのよ。このアパルトヘイトは，南ア共和国の総人口の20％たらずの白人が，75％をしめる黒人を，国土の約1割（13％）の10ヶ所の土地に隔離するというものなの。
ジオ：……。
グラ：この白人はアフリカーナとよばれて，6割がオランダ系のブーア人（ボーア人），4割がイギリス系のブリトンからなるの。また，黒人の居住区のことをバンツースタンというけど，こういった所はだいたい不毛地で農業には適さない地域なの。
ジオ：農業では食べてゆけないの？
グラ：だから，出稼ぎ労働者として白人のもとで働くことになるの。
ジオ：この南ア共和国ではどういった人種差別がおこなわれたの？
グラ：たとえば乗り物の規制で，バスのなかが仕切られていて出入り口が違うの。食堂でも規制があって，出入り口や食器までも違ったのよ。さらに，当然の事ながら，白人と有色人種との結婚は認められなかった。
ジオ：……。
グラ：こうした南ア共和国の差別に対して，日・米は経済制裁を加えてきたの。そして，1985年になってようやくこの規制がとかれることになるのね。
　　　その後の1989年の9月にデクラークが大統領に就任して，黒人との対話路線を打ち出すの。また，翌年の2月11日には，黒人開放を訴えて27年間服役中だったネルソン・マンデラ氏という当時ANCというアフリカ民族会議の副議長だった人が釈放されるのよ。
ジオ：マンデラさんは知ってるよ。
グラ：そして，91年の6月17日にデクラーク大統領がアパルトヘイト体制の終結を宣言するの。ところが，暫定政府樹立の遅れに対して住民の不満と不信がつのって，各地で抗議や闘争がおきてしまう。その後，94年の4月23日以降になると，選挙の対立からテロ事件が発生するようになるの。
　　　ただ選挙をしても，この国の黒人の識字率は低くて，3分の1の人びとが文字の読み書きができなかったの。そのために，支持者に対しては×印の記号を書いて投票するようによびかけたのね。
ジオ：字の書けない人にとって，この×印は逆にOKのサインなんだ……。
グラ：そう。「この人に一票を投じる」という意志を×印で示したのね。
　　　そして，同じ年の5月9日にマンデラ氏が大統領に選出されて，翌10日に就任

するの。ここに，南ア共和国史上初めての黒人主導による民主政権が誕生することになるのよ。
ジオ：アメリカ合衆国のオバマ政権と同じだね。
グラ：南ア共和国では，実に342年もの間，白人による少数支配が続いてきたのよ。そして，半世紀にわたったアパルトヘイトが終わりを迎えるの。その後，バンツースタンとよばれる黒人居住区の生活も少しずつだけど改善されてきているのよ。

グラ：一方，アメリカ合衆国でも黒人問題が深刻で，これが以前「ルーツ」という映画で取り上げられたことがあったの。
ジオ：その映画知ってるよ。
グラ：アメリカ合衆国の歴史は「移民の歴史」ともいわれていて，アメリカは1920年代までに積極的に移民を受け入れてきたの。その後，65年の「移民法改正」でさらに増加して，多くの移民がニューヨーク港から上陸したのね。
ジオ：このアメリカ社会のことを，「人種のるつぼ」ということがあるよね。
グラ：そう。これは多様な人種から構成されているという意味で，1908年にユダヤ人の作家によって「メルティング・ポット（るつぼ）」という戯曲が上演されたの。これがきっかけで「人種のるつぼ」とよばれるようになったのね。
　　　ところが，そのアメリカ社会はWASP（White Anglosaxon Protestant）が主流なのよ。
ジオ：そうだね。
グラ：これはイギリス系白人の子孫で，アメリカの歴史を通して，政治的に優位をしめてきた人びとね。彼らは，自分たち白人とそれ以外の有色人種とを区別して，whiteに対してcoloredといってきた。最近では"colored man"というと「黒人」という意味なの。
　　　その後，1960年代にマーティン・ルーサー・キング牧師を代表として黒人開放運動が起きて，公民権法の成立の下地をつくったことはジオも知ってるよね。
ジオ：うん。
グラ：こういった運動を契機として，アメリカ社会は「サラダボウル論」に変化していくの。
ジオ：サラダボウル？
グラ：これは，合衆国というのがエスニック集団つまりさまざま民族の持つ多様性をお互いに認め合いながらアメリカ社会を形成しているんだ，という考え方に基づいているの。つまり，アメリカ社会をサラダのボールにたとえて……。
ジオ：そこに入れるサラダなんだ。
グラ：そう。これは多くの種類の野菜と，なかにはハム，タマゴ，魚介類が混ざり合っている状態をいっているのね。こうしたサラダボウルのなかで，多くの人種が混ざり合ってアメリカ社会を構成している，ということをたとえたものなのよ。
ジオ：なるほど。
グラ：1995年にアメフトのO. J. シンプソンが白人の妻と知人男性を殺害したとして起訴

されたけど無罪評決を受け，後の民事訴訟では有罪となった事件があったの。
ジオ：白人の黒人に対する差別が表面化した裁判だったらしいね。
グラ：事件の真相が人種差別問題にすり替えられてしまったわね。
ジオ：ただ，裁判では勝った方が真実となるからね。
グラ：……。

グラ：次に，オーストラリアの人種問題についてみてみるね。オーストラリアでは，白豪主義（White Australian Policy）がとられてきたの。1851年に金鉱が発見されて，この50年代のゴールドラッシュをきっかけに，オーストラリアへの移民が始まって，ヨーロッパやアジアからの多数の移民が南西部のパースの東に広がる砂漠地帯のカルグーリやクールガーディに集まったの（図Ⅰ-14）。
ジオ：内陸部の何もないところだね。
グラ：当初は，金山で働く低賃金労働者の中国人の移民を制限するための法令が制定されたの。1901年に移民制限法という白人以外の全ての有色人種の移入を制限するための法案が上程されて，白豪主義体制となってその後70年近く続くのね。
そして，65年になってようやく白豪主義という表現が公的には排除されることになるの。また，72年にはウィットラム首相によって移民法が改正されて，翌年に正式に人種差別が廃止になるのよ。
そして，78年以降になると，ボートピープルに代表されるアジア系移民の受け入れが盛んにおこなわれるようになるの。
ジオ：でも，その後日本の企業によって建設された観光センターが爆破されるという事件があったよ。
グラ：そうね。今，グレートバリアリーフ（大堡礁）のケアンズ（図Ⅰ-14）を中心としたオーストラリア北東部の観光地では，日本のホテルが林立しているよね。爆破後の声明文には「黄色の大群がやってきた」と記されていたの。
ジオ：黄色の大群？
グラ：つまり日本人のこと。
ジオ：……。
グラ：また，1996年の5月にはタスマニア島で乱射事件が起きて30数名が犠牲となったの。その時の犯人はしきりに「ジャップはいないか」といっていたらしいの。
ジオ：ジャップ，つまり日本人……。
白豪主義はまだ消えてはいないのかもしれないね。
グラ：このように，南ア共和国やアメリカ合衆国，オーストラリアといった国ぐにに限らず，これまでに世界各地で人種差別が繰り返されているよね。ところが，こうした人種差別は，何も特定の地域や国に限ったことではないのよ。
ジオ：そうなの？
グラ：2000年にシドニー，04年にアテネ，そして08年にペキンでオリンピックが開催

されたけど，オリンピックというこの公平な場においても，人種差別，特に黒人に対する偏見があったの。
ジオ：でも，オリンピック憲章では「参加することに意義がある」とうたっているよ。
グラ：そうね。ところが，そのオリンピックで黒人が参加すらできない種目が以前あったの。
ジオ：それって？
グラ：黒人の正式参加が認められたのが，まずレスリングね。水泳も，ようやくシドニーから黒人やオーストラロイドの参加があったの。このシドニーオリンピックで，赤道ギニアという国から参加したエリック・ムサンバニという選手が，100m自由形に参加して有名になったの。ところが，彼と一緒に泳ぐことになっていたニジェールとタジキスタンの選手が失格したために，彼はひとりで泳ぐことになったのよ。
ジオ：なぜ二人は失格したの？
グラ：それは……。
オリンピックの参加規定では，五輪標準記録をクリアしていない選手でも，オリンピック振興のために，国や地域で男女各1名がそれぞれ1種目にエントリーできることになっているの。ムサンバニ選手は，オリンピックの年の1月に水泳を始めたばかりで，オリンピックのあの日に初めて100mを泳ぐことになるの。
ジオ：……。
グラ：ちなみに，赤道ギニアという国には20mまでのプールしかないのよ。彼の100mの記録は1分52秒72という歩くような早さ。でも感動的だった……。
シドニーオリンピックでは，こうした黒人の参加があったけど，結局白人と黒人がひとつのプールで泳ぐことはなかったの。ようやくアテネとペキンで黒人の参加があったけど，黒人のバネをもってすれば水泳の世界記録は書きかえられるはずよね。
ジオ：でも，黒人の筋肉質の体は，水泳には向いていないということも聞いたよ。
グラ：それだけなのかなぁ……。
それから，ゴルフのタイガーウッズがプロになった時に，彼はインタビューで「白人と一緒にグリーンに入って，ようやく白人と対等にプレーが出来るようになった」といったの。それまでは，黒人はゴルフという競技に参加すらできなかったのね。
ジオ：タイガーウッズの活躍は，多くの黒人を勇気づけているんだね。

グラ：人種というのは，前にもいったように，気候環境の違いのなかで，その環境に適応して身体的に変化してきたの。
ジオ：もとはみな同じなんだよね。
グラ：特に皮膚の色は紫外線への適応の結果で，メラニン色素の量の違いによるものなの。
ジオ：皮膚の色によって人種差別をすることがいかに根拠のない愚かなことであるかを，われわれはもっと理解すべきだね。

## 2. 民　　族

### a．民　　族

グラ：人種は身体的特色によって分類される集団だったけど，民族というのは，文化的特色，つまり言語や文字，宗教，生活様式，社会組織などに基づいて分類される集団のことなの。
　　　民族はまた，国民国家の形成に向けて積極的な役割を演じている集団とも定義づけられるの。言い換えると，「われわれ」という意識をもちうる人間の集まりね。

ジオ：これが，ナショナリズム，つまり民族主義の台頭となって現れているんだね。

グラ：そう。独立した国民国家を目指して戦う時に，国のためにあるいは民族のために自分は死ねる，という意識ね。

ジオ：日本でもかつてあった「お国のために」。

グラ：そういった国民意識をもちうる集団，これが民族なの。

ジオ：じゃ，民族と国家との関係はどうなの？

グラ：世界には，現在約7000の民族がいるといわれているけど，実際に民族を細かく分けることは難しいの。

ジオ：どうして？

グラ：それは，どういった文化的特色に基づいて分類するかによっても異なるからなの。研究者によっては，4000あるいは6000に分ける人もいるのよ。この約7000の民族が，2009年現在で193の国家を形成しているの。だから，厳密な意味での単一民族国家はないの。

ジオ：島国である日本でも，大和民族とアイヌ民族，琉球民族で構成されているものね。

グラ：最近では，こうした民族の共同体と国民国家の形成との間に矛盾が生じているの。たとえば，独立国家をつくるために民族間の紛争が絶えないでしょ。

ジオ：コソボやチェチェン，東ティモールをめぐる問題などがその例だね。

グラ：こうした民族に対して部族。この部族と民族は従来は発展段階の違いとしてとらえられてきたの。つまり，複数の部族が民族を形成してきたのね。
　　　ところが，この部族というのは，分裂への志向をもった集団なの。その結果が部族対立として表面化しているよね。

ジオ：民族問題や民族紛争というのは，むしろ部族問題や部族紛争ととらえた方がいいかもしれないね。

グラ：部族主義（トライバリズム）によって形成された国家が，今内紛や部族対立によって分裂への動きをみせているわね。
　　　ところでジオ，人種のところで人種島の話をしたよね。これに対して，民族島はあ

る民族の分布地域に島のように分布する少数の民族またはその分布地域のことをいうの。ルーマニアという国名をローマ字で書くと Romania，つまりラテン民族からなる国で，国民の約9割がルーマニア人なのよ。このラテン民族のルーマニアはスラブ民族のなかに民族島を形成しているの（図Ⅰ-5）。

## b．民族問題と民族紛争

**グラ**：次に民族問題や民族紛争だけど，従来は米ソの東西冷戦構造のもとでの民族紛争が生じていて，民主主義と共産主義といったイデオロギーの対立だったよね。

**ジオ**：この米ソの冷戦崩壊後に各民族の欲求やエゴが表面化してくるんだよね。

**グラ**：たとえば分離独立や自治権の拡大，境界線や帰属の改正や変更などがそうね。各民族がそれぞれの主張を貫こうとすると，果てしない分裂と抗争が続くことになるの。

**グラ**：1970年以降の戦争や民族紛争をとってみても70以上にのぼるのよ（図Ⅰ-16）。図の棒グラフは死者数で，ナイジェリアやベトナム，バングラデシュ，カンボジア，イラン，アフガニスタンでの犠牲者が多いよね。

**図Ⅰ-16 たえまない民族紛争**（森田 1992）

ジオ：……。
グラ：民族紛争による分離独立の代表的な例が旧ソ連ね。
ジオ：ソビエトというのは？
グラ：「国民」という意味なの。旧ソ連は，1922年にレーニンによって連邦制が取り入れられて，その後スターリンによる中央集権化が進んで，民族的なものへの抑圧がなされるの。その結果，周辺地域の領土の拡大が進んで，第二次世界大戦後15の共和国によるソ連邦が結成されるのよ。

そして，その後ゴルバチョフ政権によるペレストロイカ政策が押し進められたの。ところが，このことはゴルビーにとって逆効果だったのね。
ジオ：どうして？
グラ：ゴルバチョフの意向と国民のそれとが空回りして，対応は後手にまわって，クーデターが起きてしまう。そのクーデターは失敗に終わるけど，結果的には，69年もの間国民国家を支えていたイデオロギーが後退して，ソ連邦が解体するのね。
ジオ：そして，CIS（独立国家共同体）が誕生するんだ。
グラ：ところが，各民族間で言語や宗教・文化の復興といった民族問題が吹き出してきて，民族間のエゴが表面化しているの。
ジオ：大国のロシアとウクライナとの主導権争いがしれつだよね。
グラ：そして一方では，ロシアとチェチェン共和国に代表されるように，大国と小国との対立も生じていて，結果的には80年前の民族対立の時代を再現することになっているの。

グラ：次に中東紛争だけど，この紛争の原因というのはパレスチナという領土をめぐる土地争いなのね。そこには，民族と宗教間の対立があって，複雑で根が深いものなの。これは，19世紀末にユダヤ人の祖国復帰運動によって，アラブ系住民がパレスチナ人を追放したことに始まるのよ。
ジオ：確かシオニズムといったよね。
グラ：そう。そうしたなかで，1948年にユダヤ人によって国民国家イスラエルが建国されるの。

ところが，ユダヤ人とパレスチナ人が，ともに民族自決権に基づいた国家の建設を許すまいと対立するの。パレスチナ人側は，ユダヤ人はユダヤ教徒であってユダヤ民族ではないと主張し，一方ユダヤ人側は，パレスチナ人はアラブ民族の一部であってパレスチナ民族ではない，としてお互いがそれぞれ自決権を許された民族ではない，と主張して対立してきたのね。
ジオ：……。
グラ：ところが，この半世紀にわたって流血を繰り返してきた両者が，1993年に和平実現に向けて大きく前進するのよ。そして，その年の9月13日にはイスラエルとPLO（パレスチナ解放機構）との相互承認が決定されて，その後ゴタゴタがあった

けど翌年の5月に調印するの。
　ところが，それでもなお爆弾テロが多発して両者の関係はくすぶって，5月11日にイスラエルのネタニヤフ首相とPLOのアラファト議長との会談は失敗に終わるの。

ジオ：……。

グラ：そして，その後イスラエルの首相になったバラクとアラファト議長との間で紛争が起きてしまう。

ジオ：停止の合意はなされたけれども，衝突が絶えなかったんだね。

グラ：イスラエルはバラク首相でどう変わるかと期待されたけど……。

ジオ：どうもだめだったね。

グラ：そして，シャロンが首相になって一層過激的になったの。彼は生え抜きの軍人出身のタカ派政治家で「ブルドーザー」の異名をもつ男なの。「有効な手段は軍事的攻撃によってのみ実現できる」というのが彼の信条だったのよ。その後，テロが多発したためにイスラエル軍が侵攻して，パレスチナ暫定自治政府の議長府を包囲することも起きたの。
　さらに，イスラエルによるハマスのヤシン氏やランティシ氏の殺害とその報復テロが多発したの。そして，アラファト議長が2004年に亡くなって，パレスチナ自治政府はアッバス議長に代わったけど，ハマスとの対立は続いたのよ。
　そして09年になって，イスラエルではネタニヤフ政権が再発足することになったよね。

ジオ：イスラエルとパレスチナの人びととの安全保障は，両者の共存しかあり得ないのにね。

グラ：中東和平はほど遠いかも……。


グラ：次に，カナダのケベック州（図Ⅰ-17）の民族問題をみてみると，1604年からフランス人によってケベックなどの植民地建設が進むの。

ジオ：17・18世紀というと，イギリスとフランスによる植民地争奪の時代だったよね。

グラ：そうね。1763年のパリ条約でイギリスによるカナダ支配権が確立して，その後カナダは1949年に英領北米法が改正されて，完全な独立国家となるのね。ケベック州の人口は約780万人（2009年）だけど，フランス系住民で構成されるケベック党がカナダからの分離・独立を主張するの。

ジオ：これに対して，イギリス系住民は反対し続けてきたんだ。

グラ：そして，1982年に自主憲法である人権憲章が公布されて，公用語を英仏の2言語とすることが決まるの。
　ところが，この人権憲章はフランス系住民に対して不利としてケベック州はこれに反対して分離独立をさらに進めるの。でも，92年の国民投票でケベック州の独立を骨子とする憲法改正案は否決されたのよ。

ジオ：これが，ケベック州でのフランス系住民の問題なんだ……。

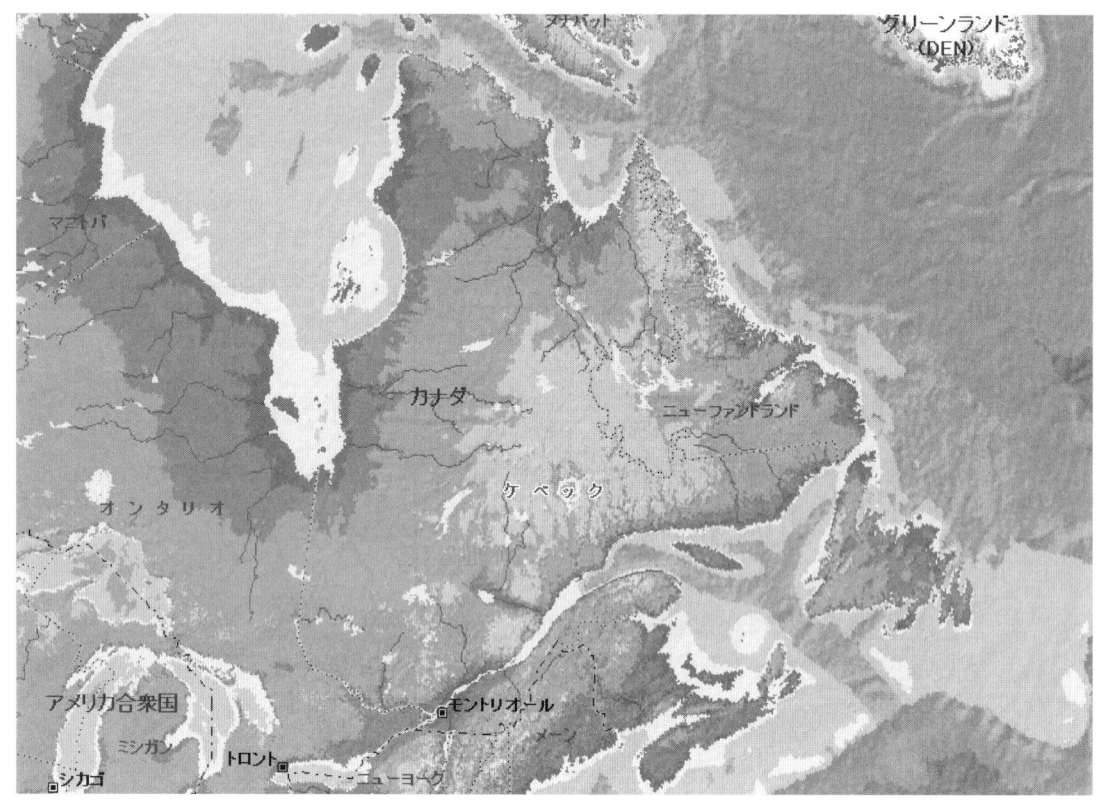

図Ⅰ-17　ケベック州（マイクロソフト　2001）

### ◆ 旧ユーゴスラビア内紛の理由

グラ：次に，旧ユーゴスラビア（図Ⅰ-18）の民族問題だけど。
ジオ：旧ユーゴスラビアはなぜ対立したの？
グラ：それは，さまざまな要因が複雑にからみ合っているからなの。旧ユーゴスラビアは，一つの連邦国家，二つの文字，三つの宗教，四つの公用語，五つの民族，六つの共和国からなる国で，七つの国と国境を接していたの（表Ⅰ-1）。また，セルビアにはコソボとボイボディナという二つの自治州があって，コソボは2008年に独立を宣言して共和国を名のっているのよ。
ジオ：そういえば，旧ソ連や東ヨーロッパでは，1980年代末から社会主義というユートピアがくずれて，民族自決の理念が復活したものね。
グラ：そうね。旧ユーゴでも民族共和国の独立運動が進んで，92年の1月にスロベニアとクロアチアが独立したの。その後連邦の解体と，一方では統合が進んで，六つの共和国に分離するのよ。
　　　ところが，民族構成や宗教の特に複雑なボスニア・ヘルツェゴビナの紛争がその後激化することになるの。

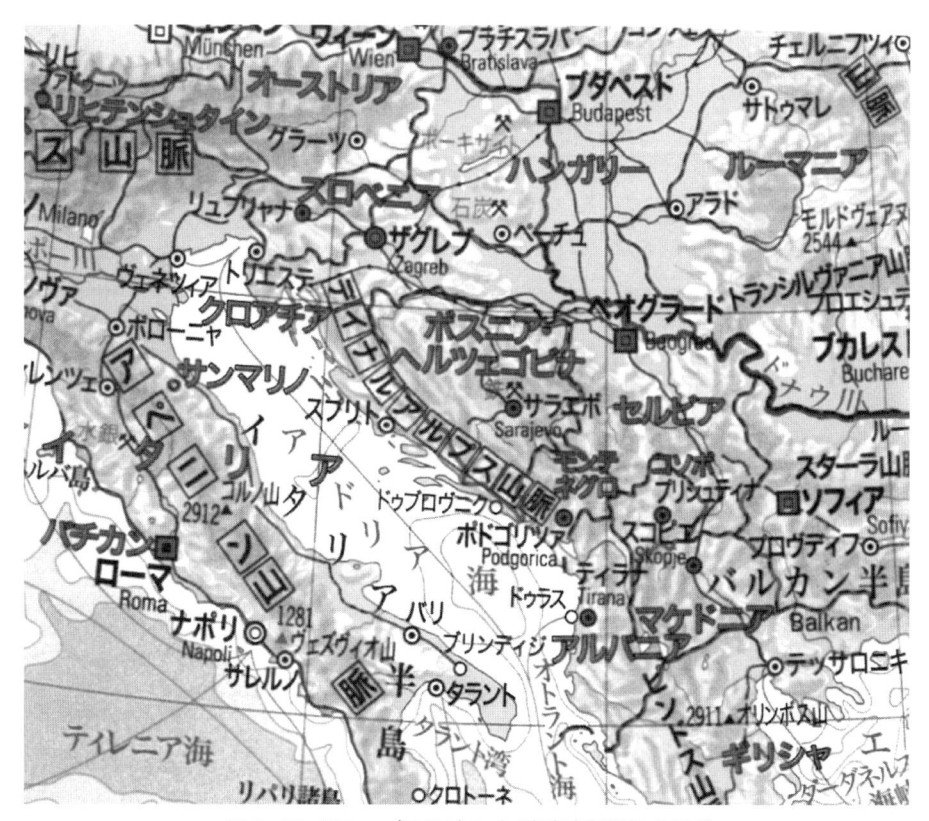

図I-18 旧ユーゴスラビア（二宮書店編集部 2009）

| 文字 | 宗　教 | 公用語 | 民　族 | 共和国 | 国　境 |
|---|---|---|---|---|---|
| キリル | ギリシア正（セルビア正） | セルビア | セルビア | セルビア | イタリア |
| | | | モンテネグロ | モンテネグロ | オーストリア |
| ラテン | カトリック | クロアチア | クロアチア | クロアチア | ハンガリー |
| | イスラム | スロベニア | スロベニア | スロベニア | ルーマニア |
| | | マケドニア | マケドニア | 北マケドニア | ブルガリア |
| | | | | ボスニア・ヘルツェゴビナ | ギリシア |
| | | | | | アルバニア |

表I-1　旧ユーゴスラビアの構成

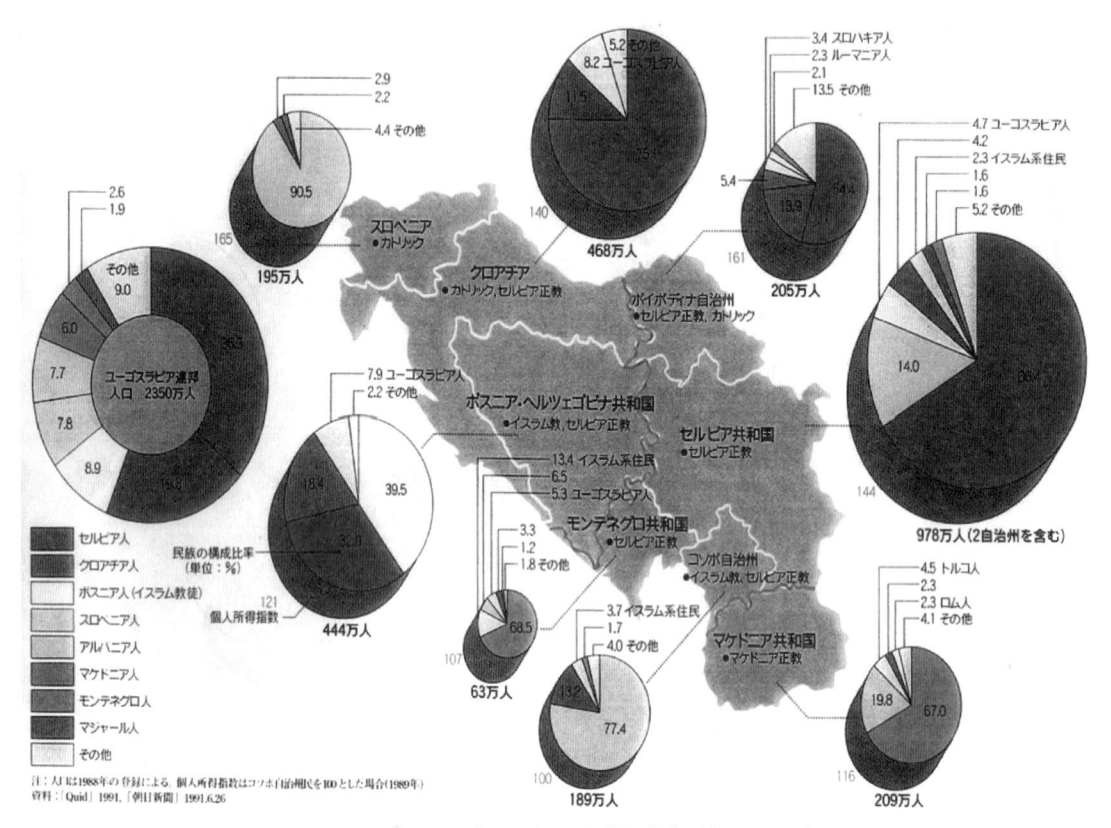

図Ⅰ-19 旧ユーゴスラビアの民族と宗教（森田 1992）

グラ：これは，旧ユーゴ全体の民族構成と各共和国の民族構成を比較したものなの（図Ⅰ-19）。

ジオ：各共和国では主要民族が過半数をしめるね。

グラ：ところが，ボスニア・ヘルツェゴビナの場合は，周りをいくつかの共和国に囲まれているということもあって，ボスニア人（40％），セルビア人（32％），クロアチア人（18％）その他からなっていて（1988年），民族構成が複雑なために対立が絶えなかったのね。

また，コソボは約8割をしめるアルバニア人からなるセルビア共和国の自治州だけど，2008年の2月にセルビアからの独立を宣言してコソボ共和国を名乗っているけど，国連加盟国193ヶ国のうち独立を承認しているのは60ヶ国程度にすぎないの。

ジオ：世界の民族は，どうしてこうも対立しあうんだろうね。社会組織や宗教，言語の違いで，民族はなぜ対立をするんだろう……。

グラ：そうね。ある宇宙飛行士の言葉に，「地球上には，大きな陸地と海があるだけで，国境はみえなかった」とあったけど，この言葉を深くかみしめたいわね。

## c. 言　語

**グラ**：次に言語について考えてみようか。現在，地球上には主要言語が約400，言語集団が約3000もあるといわれているけど，世界の主要言語は大きく20のグループに分けられるの（図Ⅰ-20）。そして，それぞれの系統語はさらに細分されているわね。

**ジオ**：日本語は，ここでは独立した言語として分類されているね。

**グラ**：インド・ヨーロッパ諸語のゲルマン語群は英語，ドイツ語，スカンジナビア語からなっているのよ。

**ジオ**：これらはほとんど親戚同士ということだね。

**グラ**：世界の言語の分布をみると，インド・ヨーロッパ諸語が大半をしめるのがわかるよね（図Ⅰ-21）。

**グラ**：次に，主要な言語人口の概要をみると，シナ・チベット諸語のなかの中国語の使用人口は，北京語，上海語，広東語，福建語を合わせると10億5000万人もいるの。なお，この中国語のなかには55の小数民族語が含まれるのよ。

**ジオ**：これからは中国語の時代かなぁ。

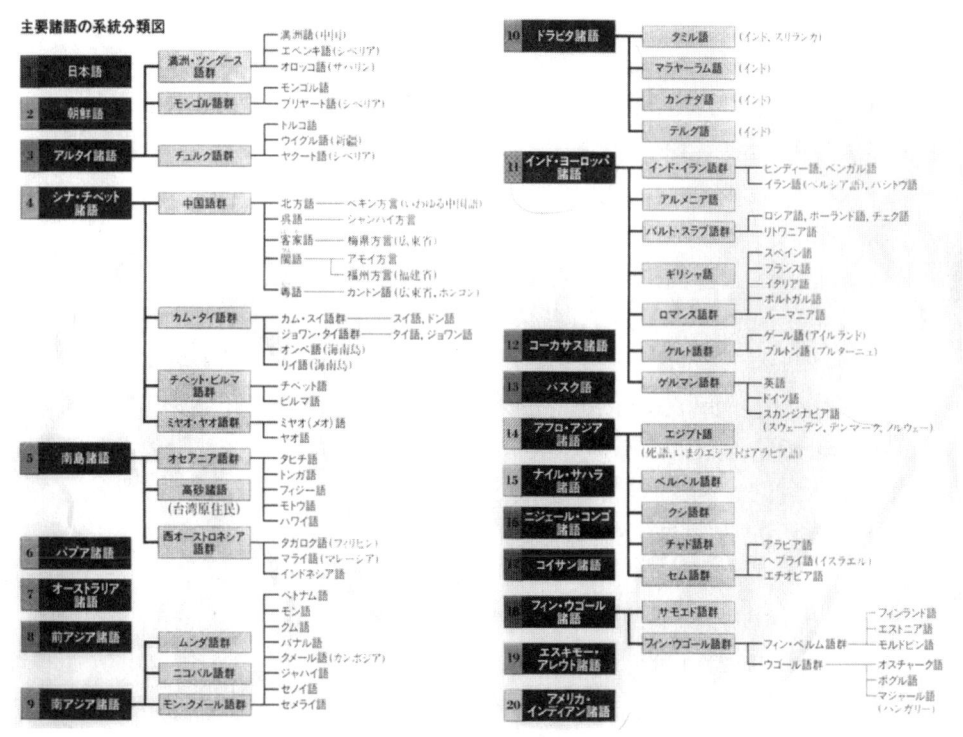

図Ⅰ-20　主要諸語の系統分類図（橋本 1984）

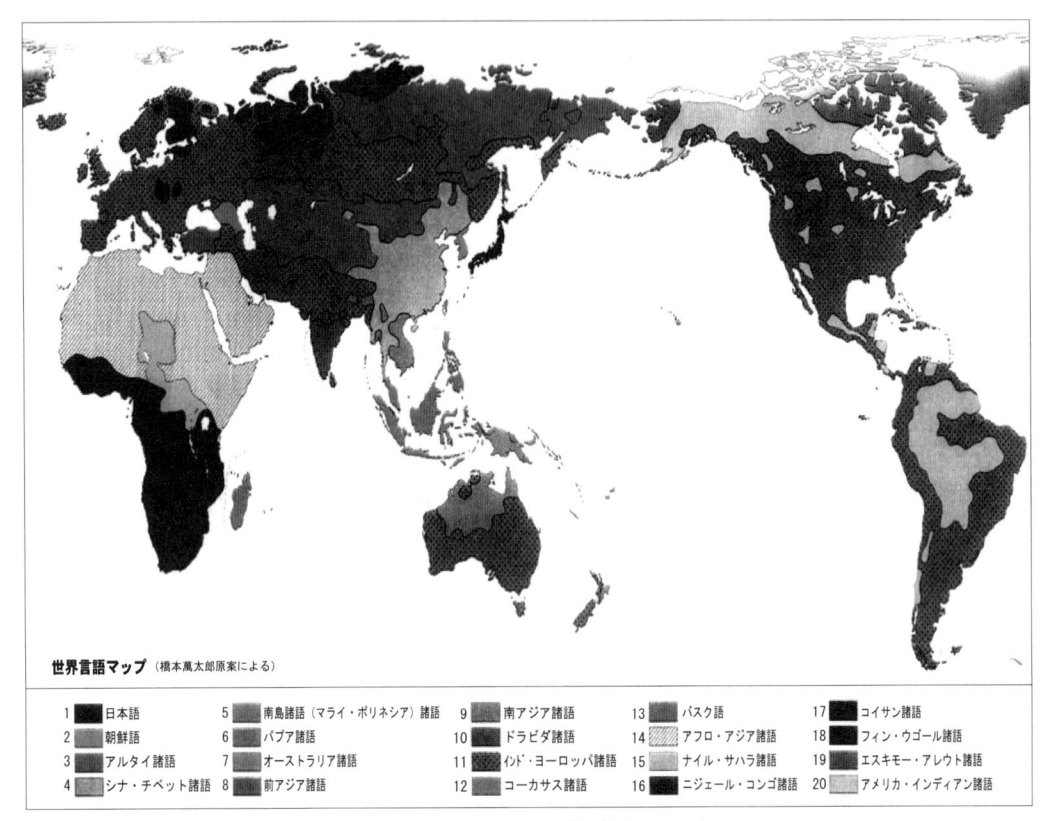

図Ⅰ-21 世界言語マップ（橋本 1984）

**グラ**：次に多い言語人口は，スペイン語の3億2000万人。
**ジオ**：中南米のブラジルはポルトガル語だけど，その他の多くはスペイン語地域だものね。
**グラ**：英語は3億1000万人でアラビア語が2億1000万人，ヒンディー語とポルトガル語が1億8000万人，ベンガル語が1億7000万人，ロシア語が1億5000万人，そして日本語の1億2000万人。
**ジオ**：英語人口はもっと多いと思ったけど，意外に少ないね。

**グラ**：次に，主要言語についてみてゆくと，まずインド＝ヨーロッパ語族は132言語もあるの。英語のtooth（歯）を意味する言語の分布図（図Ⅰ-22）をみると，インド・ヨーロッパ語族がインドからアイスランドまで広く分布しているよね。dentやdantなどのように，dで始まるものが圧倒的に多いの。
**ジオ**：北欧ではt，スラブ圏ではzで始まるんだ……。
**グラ**：インド・ヨーロッパ語群のなかでも，主要言語はゲルマン語系で，このゲルマン語系の基礎的な単語のうち約6割が同系の単語なの。
**ジオ**：だから理解しやすいんだね。
**グラ**：特にドイツ語の名詞はわかりやすいし，英語で想像がつくよね。一方，北欧のスウェーデンやノルウェー，デンマークで使用されているのはスカンジナビア語で，これ

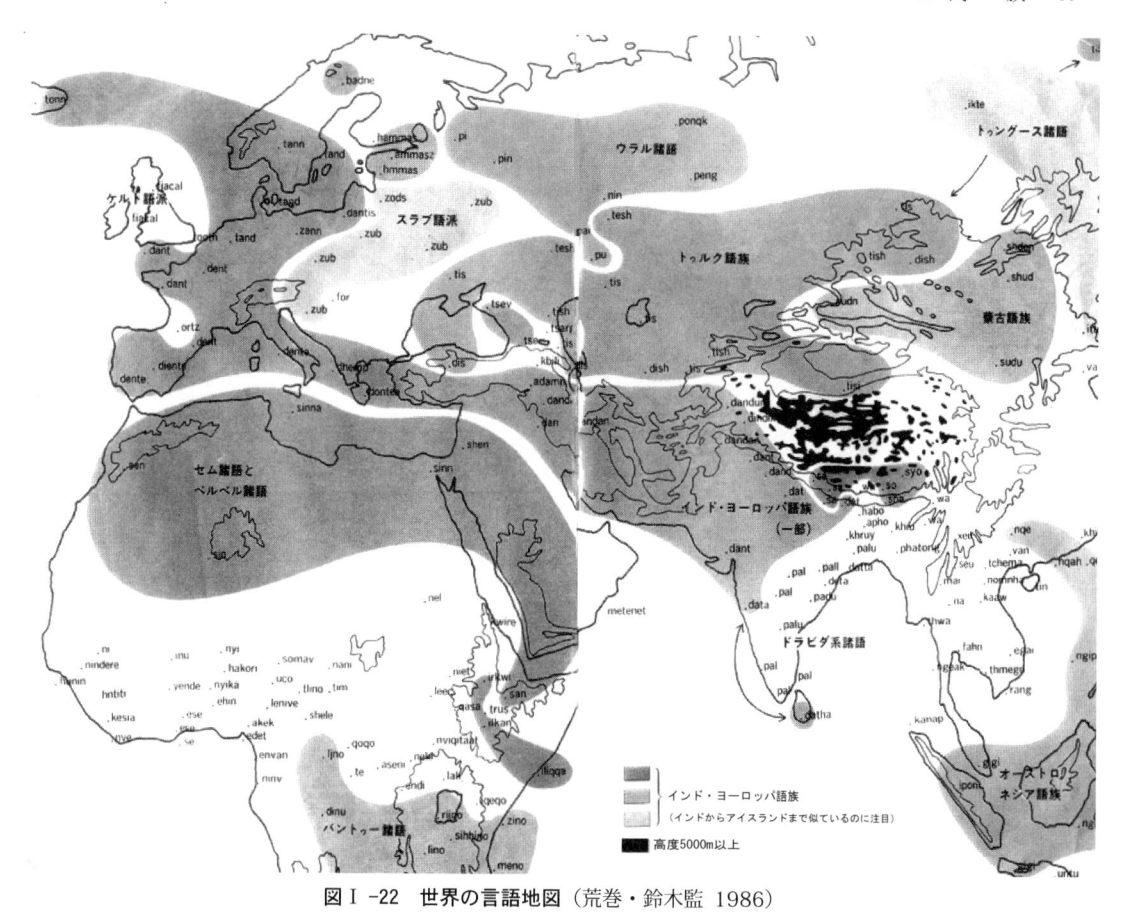

図I-22　世界の言語地図（荒巻・鈴木監 1986）

　　　はゲルマン語系のいわば方言あるいはなまりの差程度なの。
ジオ：ということは，北欧ではほとんど通じるんだ。
グラ：本来，言語の分布はなだらかに推移するといわれているの。つまり，言語の地域的な移り変わりはきわめてなだらかなのね。
　　　ある人が，スイスのベルンから住み始めて1年に約20キロずつ北に移動して，一生かかってノルウェーのオスロまで移り住んだとするじゃない（図I-5）。両極端の言葉はかなり違っていても，本人は途中のその時々の言葉の違いにほとんど気づかないまま移動しているの。
ジオ：それはなぜ？
グラ：ゲルマン語系という同系列の言葉の分布地域だからなのよ。
　　　次に，ラテン語系だけど，これにはフランス語やイタリア語，スペイン語，ポルトガル語があって，ロマンシュ語も含まれるの。また，スラブ語系にはロシア語とポーランド語，インド＝アーリア語系にはヒンズー語やベンガル語，イラン語（ペルシャ語）などがあるの。なお，インドでは，現在13の言語が使用されていて，しかも179の小数民族が544の方言を使っているらしいよ。

ジオ：……。
グラ：次に，ウラル・アルタイ語族は66言語で，ウラル語系として，フィン語，ハンガリー語（マジャール語），アルタイ語系として，モンゴル語，タミル語，ツングース語があるの。
ジオ：じゃぁ，日本語のルーツは？
グラ：日本語は，モンゴルの西のアルタイの言語に入るとする考え方がある一方で，反対意見も多くて，チベット・ビルマ語説やタミル語説，さらには多言語混合語説といって，いろいろな言語が混合した言葉ではないかという説などがでているの。これまでに，言語学者による激しい論争が繰り返されていて，日本語の起源についてはいまだに決着がついていないというのが現状ね。
　　　国語学者の大野 晋氏は，日本語の起源をインドのドラビダ語系のタミル語とする考えなのね。
ジオ：タミル語？
グラ：インドの南端部の州をタミルナドゥといってるのよ。このタミル語では，歯のことをパルというの（図Ⅰ-22）。ドラビダ語群のなかでも，テルグ語やタミル語の名詞は確かに日本語とよく似ている。でも，その他の品詞についてはあまり似ているものがないのね。
ジオ：グラフィー，日本語がアルタイ語系に入るといってたよね。
グラ：文体構造の大部分はアルタイ語系によく似ているの。でも，日本語の単語に対応するものがないわね。一方，日本語は文法的には朝鮮語や満州語と同じだけど，基礎的な単語はほとんど違うのよ。

グラ：これは，身体語を現代日本語と上古（上代）日本語，朝鮮語で比較したものなのよ（表Ⅰ-2）。
ジオ：似ているものがないね……。
　　　日本語というのは特異な言語なんだね。
グラ：この日本語の特徴をみてみると（表Ⅰ-3），日本語には五つの母音があるけど，アルタイ系は多くの母音があって違いがみられるの。
ジオ：日本語には，lとrの発音の区別がないよね。
グラ：そうね。英語のようにはっきりと区別されてないわね。

グラ：ところで，この日本語に限らず，言葉は絶えず変化しているよね。この言葉の変化の担い手は，私たちのように若い人たちなのよ。最近の言葉の特徴として，語尾が上がったりするよね。
ジオ：なになにするし↑，とか？
グラ：そう。これは北陸の言葉に似ているところがあるよね。そして，名詞どまりや動詞どまりの問いかけ表現もある。

| | 現代日本語 | 上古日本語 | 朝 鮮 語 |
|---|---|---|---|
| 手 | te | të | son |
| 足 | 'asi | asi | par |
| 鼻 | hana | Fana | kʻo |
| 目 | me | më | nun |
| 口 | kutʃi | kuti | 'ip |
| 歯 | ha | Fa | 'i |
| 耳 | mimi | mimi | kwi |
| 毛 | ke | kë | 'it' |
| 頭 | 'atama | kasira | mɔri |
| 舌 | sita | sita | hyɔ |
| 腹 | hara | Fara | pɛ |
| 背 | senaka | se | tɯŋ |

表Ⅰ-2 日本語と朝鮮語の身体語
（安本監 1986）

表Ⅰ-3 日本語の特徴（佐々木 1991）

一般に、日本語には次のような類型的な特色があるといわれている。
①音節が簡単で、英語のようにstとか、tʃといった二重子音ではじまる単語がない。②母音終わりという音節構造をもつ。③r音が語頭に立たない。ラン（蘭）、リス（栗鼠）などはr音に由来する外来語である。④修飾語は修飾される語の前にくる。⑤目的語や補語は動詞の前にくる。つまり構文はS（主語）、O（目的語）、V（動詞）の形をとり、述語は文の末尾にくる。⑥単語の後に、助詞や接尾辞をつけて文法的な意味を示す。このほか、⑦英語のように冠詞や前置詞を使わない。⑧名詞に性の区別がなく、単数・複数の区別もない。⑨形容詞に比較級、最上級という特別の形がなく、「花ハ美シイ」のように、形容詞がそのまま述語になる。⑩関係代名詞がない。さらに⑪八世紀ごろの古代日本語には「母音調和」があったとされている。「母音調和」というのは、一語を構成する母音の結合関係に一定の原則がみられる現象のことで、類似の「母音調和」の現象はアルタイ系の諸語によくみられるという。

ジオ：なになにする↑，どこどこいく↑，とか？

グラ：そうね。この新語，つまり新しい言葉は流行しては消えてゆく運命なの。国語学者の金田一春彦氏が嘆いていたのは，新語に関する日本語辞典をつくろうとすると編集が追いつかないらしいの。

ジオ：辞典をつくるのには数年かかるよね。

グラ：新語辞典が完成した時には新語はすでに死語になっているというの。こうした新語の変化にやっと追いついているのが，1年ごとに編集される情報誌なんだって。

## ◆ 難解な日本語

グラ：ところでジオ，私たちが普段何気なくしゃべっているこの日本語だけど，世界でも難解な言葉なのよ。

ジオ：へぇ〜。そういえば，知り合いの中国人が英語は勉強すればする程優しくなるけど，日本語は勉強すればする程逆に難しくなる，わけがわからなくなると嘆いていたなぁ。

グラ：実は，日本人というのは，世界でも難解な言語を話す民族なの。

ジオ：じゃぁ，この日本語を学ぶ外国人の悩みの種は？

グラ：日本人は，漢字，ひらがな，カタカナ，そして和製外国語，これらを自由に駆使して使い分けているよね。

ジオ：え〜，あたりまえじゃん。

グラ：と思うでしょ。ところが，これが外国人にはきわめて難解なの。たとえば，ジオの目の前にある本や雑誌をみてごらん。外国人にとって不思議なのは，本の1ページのなかにまったく異なった文字がならんでいることなの。

ジオ：漢字，ひらがな，カタカナ，そして和製外国語……。
グラ：しかも，日本人は漢字の音を三つに区別しているのよ。たとえば，「明るい」という字を，呉音ではこれをミョウと発音するよね。明朝とか。漢音ではメイ，明暗とか。唐音や宋音ではミン，明朝体とか。明朝と明朝体は同じ漢字だけど，これを使い分けているの。
ジオ：……。
グラ：日本人はこれらを区別して発音しているけど。外国人にはこの発音の区別がわからないらしい。それから尊敬語，丁寧語，謙譲語。日本人は，これらを相手によって自由に使い分けているよね。この区別が外国人には特に難しいらしいの。
ジオ：でも，若い人たちのなかにも，このへりくだった謙譲表現のできない人が増えてきているよね。
グラ：目上の人の前でも平気で「私のお父さん，お母さん」といってるね。
ジオ：本人の自覚もそうだけど，親の教育も問題だね。
グラ：また，目上の人に対して「誰だれが何なにしてくれた」という表現も最近多くなってきて，「していただいた」という表現がなくなってきつつあるよね。
ジオ：若い人たちが使う言葉は絶えず変化しているんだね。
グラ：そして，次に難解なのが同音異義語。たとえばカタカナで「チチ」と書かれたらジオはどの字が思い浮かぶ？
ジオ：……。
グラ：父，乳，遅々などのように，同じ音でも意味が異なるよね。さらに難しいのが異音同義語。その「父」を例にあげてみようか。ジオは父親のことをどうよんでるの？
ジオ：おとうさん。
グラ：その他には，とうさん，おやじ，おとうちゃん，おとん，パパ，おとうさま，おっとう，ちゃん，とと，父君などなど。
ジオ：……。
グラ：男の子の場合，父親に対するよび方が年齢によって変わってくるよね。
ジオ：幼い頃の「パパ」や「おとうさん」から中学生，高校生，大学生になるにしたがって「おやじ」に変わる。成人すると，「ねぇ」，「おい」，「あんた」とか。
グラ：……。
ジオ：子供にとっては，父親と対等になっているつもりなんだよ。
グラ：この「父」といういい方はへり下った表現だけど，「父」の異音同義語を調べてみると，なんと36もあるの。先程のいい方の他に，父親，父上，てて親，ててご（ちちご），尊父，厳父，家父などなど。
ジオ：英語では，パパ，ダディ，ファザーぐらいだよね。

グラ：話を戻して，その他の日本語の特徴として発音の違いがあるわね。これは同音異義語ともかかわってくるけど，発音の強弱や高低・長短の違いで，言葉の意味も違っ

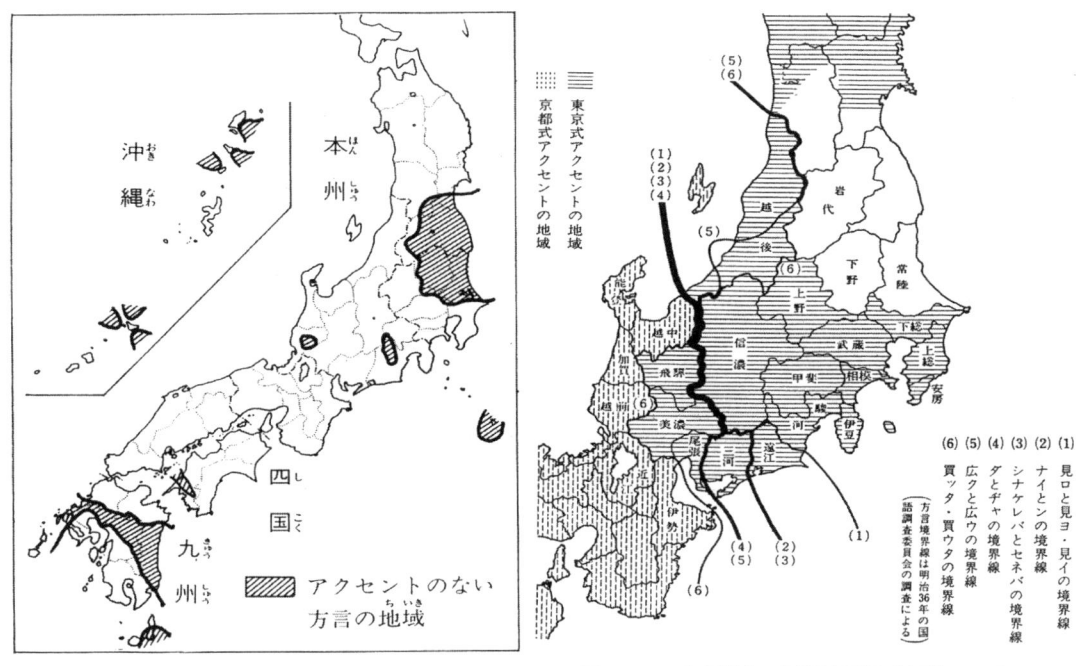

図Ⅰ-23　方言とアクセント（山口 1991）　　図Ⅰ-24　中部地方の言語境界図（大野 1957）

てくるの。

ジオ：そういえば，以前国語学の先生から「はし」の発音を聞かれたことがあるんだ。今，グラフィーにはどのように聞こえた？　チョップスティックスの箸かブリッジの橋か。

グラ：えっ？……。

ジオ：僕の発音する「はし」は同じように聞こえて，グラフィーには区別ができなかったかもしれないね。実は，九州北西部から宮崎，宮城南部から福島，栃木，茨城にかけての地域と沖縄の一部の島では，この「はし」の区別がつかないんだ（図Ⅰ-23）。

グラ：これらの地域はアクセントのない方言地域なのね。

グラ：さらに，日本語の特徴としては東西性があるよね（図Ⅰ-24）。東日本では，子音が強くて長い，母音が弱くて短い，そして促音（つまる音）を使うの。「何なにしちゃって」，これを東京式アクセントというのね。
　これに対して，西日本では子音が弱くて短い，母音が強くて長いの。「何なにしてぇ」，これを京都式アクセントというの。

ジオ：確かに，日本の東西でアクセントの違いがあるね。

グラ：そして，難解な日本語の極めつけは方言だよね。

ジオ：日本人は，標準語と方言をいとも簡単に使い分けてるね。

グラ：鹿児島では，鎌倉時代から明治維新までの約700年間，島津氏の支配が続いたの。特に，江戸時代には鎖国政策をとって，郷土ナショナリズムが非常に強かったのね。鹿児島弁は，島津藩によってつくられたいわゆる造語で，となりの宮崎や熊本の人ですらわからない。

ジオ：鹿児島で農家の人にヒアリング調査をしたことがあるけど，言っていることがわからなかった。そこで，アンケート用紙を配って，「これに記入してください」といって調査したことがあるよ。

グラ：また，秋田では北部の能代や大館盆地と南部の横手盆地のように，同じ県内でもわかりずらい地域もあるらしいの。

ジオ：ちょうどお盆の時に，東北新幹線で仙台に行ったことがあるけど，東京駅の新幹線に乗ったら，そこは東北だったことがあるよ。車内には東北弁が飛び交ってた。

グラ：お年寄りの慰安旅行や団体客と一緒の機内もそうね。飛び立つ前に機内はもう田舎よね。

グラ：このように，日本人は「漢字，カタカナ，ひらがな，和製外国語」と「尊敬，丁寧，謙譲語」，さらに，「同音異義語」と「異音同義語」を使い分けて，しかも「標準語」と「方言」を使い分ける世界でもまれなマルチリンガルなのよ。この難解な言語をいとも簡単に駆使する日本人が，なぜ26文字の組み合わせからなる英語がしゃべれないのかしら。

ジオ：……。

### ◆ 便利な日本語

ジオ：グラフィー，ここで，最も便利な日本語を紹介するね。日常の挨拶や冠婚葬祭の挨拶はこの一言で足りるんだ。日本ではこの一言で生きてゆける。

グラ：えっ？

ジオ：それは「どうも」という言葉。

グラ：どうも？

ジオ：そう。朝は手を挙げて「どうも〜」。夜は手をふって「どうも〜」。おめでたい時はにっこり笑って「どうも〜」。謝る時には，頭を下げて「どうも」。悲しい時には神妙な顔をして「どうも……」。だから，お葬式の時は，遺族の方に「どうも……」といって頭をさげればいい。

グラ：……。

ジオ：この言葉は海外でも使えるんだ。挨拶をする時には，「ニイハオ」，「アンニョンハセヨ」の代わりに，手を挙げて「どうも〜」。
別れる時には，「ツァイチェン」，「アンニョンヒケ（カ）セヨ」の代わりに，手を振って「どうも〜」。

お礼をいう時には，「シェシェ」「カムサハムニダ」の代わりに，握手して頭を下げて「どうも」。
　　　お酒を飲む時には，「カンペー」や「コンベ」の代わりに「どうも〜」。これで済むわけ。
グラ：……。
ジオ：もう一つ，便利な言葉に「まあまあ」というのがある。酒をつぐ時に「まあまあ」，すると相手は「どうも」といって受ける。相手を先にいかせる時に「まあまあ」。これで，コミュニケーションが成り立つんだよ。
　　　ついでに，関西での日常の挨拶に「まいど」というのがあるけど，これも便利な言葉だよね。関西の人はいつでも「まいど」，朝から晩まで「まいど」。ただ，お葬式の時に「まいど」といったらダメ・ダメ。「何度も死なすな」といわれる。
グラ：……。
　　　話をその他の世界の言語に戻すね！
ジオ：はい……。
グラ：セム・ハム語族は46言語あって，主に北アフリカからアラビア半島で使用されているの。セム語系にはアラビア語とユダヤ語，ハム語系にはソマリー語があって，アフリカ東部のソマリアを中心としているのよ。
　　　次に，シナ・チベット語族をみてみると，シナ語系の代表は中国語ね。文法は英語と同じだからマスターしやすいけど，中国語は発音が難しいわね。四声といって，発音の違いで意味が違ってくるよね。
ジオ：中国語のヒアリングは大変だよね。
グラ：中国語は，北京・上海・広東・福建（台湾）のように各地域の言葉があって，このうち，北京語と福建語の同系の単語は5割たらずなの。
ジオ：同じ中国語でも分かりづらいんだ。
グラ：それに，地方独特のなまりがあって，同じ言葉でも違った単語のように聞こえるらしいの。
　　　その他の言語として，チベット＝ビルマ語系があって，チベット語，ビルマ語に加えて，タイ語，ベトナム語がこれにあたるの。また，オーストロネシア語族としては，インドネシア語系とポリネシア・メラネシア・ミクロネシア語系の言葉があるのね。
ジオ：アフリカの言葉は？
グラ：ニグロ語族があって，アフリカの中・南部で使用されているスーダン・バンツー語系と東部のケニアやタンザニアで使用されているスワヒリ語系，そしてカラハリ砂漠周辺で使用されているホッテントット語系で，これは現在コイサン語系とよばれているの。
ジオ：ブッシュマンの言葉だね。
グラ：また，世界には多言語国家というのがあって，周辺諸国の言語の影響を受けているのよ。たとえば，スイスは内陸国で，周りをドイツ，フランス，イタリア，オー

ストリア，そしてリヒテンシュタインに囲まれているよね（図Ⅰ-5）。そのために，ドイツ語（64％），フランス語（20％），イタリア語（6％），ロマンシュ語（1％）（2000年）などが話されているのよ。

**ジオ**：スイスに住んでいるだけで，これらの言語がマスターできるんだ。

**グラ**：このロマンシュ語だけど，これはリヒテンシュタインとオーストリアで使用されている言語なの。ロマンスは「人間模様」という意味だけど，これはロマンシュ語で書かれた中世の騎士物語（ナイト）や小説類をいうの。

また，ベルギーの北部ではフラマン語（58％）またはフレミッシュ語が使用されていて，これはオランダ語系の言葉なの。一方，南部ではワロン語（31％）（2008年）で，これはフランス語系の言葉ね。

**ジオ**：ちょっと間違えやすいね。

**グラ**：どちらもやわらかい発音で，聞いていて心地いい言葉なのよ。以前，ベルギーに行った時に，ワーテルローといって，1815年にナポレオンがウェリントンに大敗した古戦場があるの。この近くに予約したホテルの場所を人に聞いたら，車で送ってくれたの。言葉も優しいけど人も優しかったわ。

**ジオ**：……。

**グラ**：北欧のフィンランド（図Ⅰ-5）では，フィンランド語（91％）とスウェーデン語（北西部6％）（2007年）で，北部のスウェーデンとの国境付近のラップランドでは，ラップ語とサーミ語を使用しているのよ。また，カナダでは英語（58％）と東部のケベック州ではフランス語（22％）（2006年）となっている。

このように，同一国内でも使用されている言語がいくつかあって，多言語国家とよばれるのよ。

**グラ**：次に世界の文字をみてみると，大きくは三つに区分されるの。まずローマ字やギリシア文字，キリル文字で，このキリル文字にはロシア語圏やブルガリア語圏の文字が入るのよ。次に，インド系の文字で，これはアラビア文字やチベット文字からなっているの。分布域としては，北アフリカから中近東や南アジアにかけて広がっているのね。

その他のインド系の文字としては，タイ文字とハングルがあるのわね。そして漢字。

**ジオ**：これが転じて，かながあるんだよね。

**グラ**：そうね。次に，この文字の歴史をみてみると，文字の成立は絵に始まるといわれているの。

**ジオ**：絵？

**グラ**：……。

それが絵文字から表意文字に変わるのね。これは象形文字ともいわれていて，漢字などがこれにあたるの。さらに，この表意文字から表音文字に変化するのよ。

**ジオ**：かなやアルファベットなどがそうだね。

写真Ⅰ-8　文様は語る（佐々木 1991）

**グラ**：こうして，各地で文字の原形が生まれて，文字が成立していったと考えられているの。また，絵の痕跡として洞穴壁画があって，約1万5000年前のスペインのアルタミラの壁画やフランスのラスコーの壁画がその代表的なものね。
　　　そして，この絵による情報の伝達もあったと考えられているの。
**ジオ**：絵による情報伝達……。
**グラ**：これは縄文時代の深鉢土器で，左はそれを展開したものなの（写真Ⅰ-8）。縄文土器の文様をみると，同じ文様が繰り返されているでしょ。
**ジオ**：二つのセットになっている。
**グラ**：この同じ文様の土器がある広がりをもって出土していて，土器の分布圏が存在するの。こうした文様の技法については，歌，たとえば子守歌のように，当時は，意思を伝達する基本的な言葉があったのではないかと考えられているの。
**ジオ**：土器を作ったのは女性だったといわれているよね。
**グラ**：その女性が，土器の文様を歌などで伝えたとされているの。

**グラ**：また，古代エジプトでは5000年前になると文字が作られるようになって，これはヒエログリフとよばれる神聖文字や聖刻文字，いわゆる象形文字といって動物や人の形を石やパピルスなどに描いたものなの。
**グラ**：ジオ，エジプトのアレキサンドリアの近くにロゼッタ（現ラシード）というところがあるの知ってるよね（図Ⅰ-25）。
**ジオ**：ロゼッタストーンの？
**グラ**：そう。これはそこから出土したもので（写真Ⅰ-9），黒色の玄武岩からできていて，イギリスの大英博物館に展示されているものよ。1799年の7月に，ナポレオンのエジプト遠征隊が，ナイル川の河口のロゼッタでこの石を発見したの。
**ジオ**：3種類の文字があるけど……。
**グラ**：そうね。上からヒエログリフ，デモティークという民衆文字，そしてギリシア文字

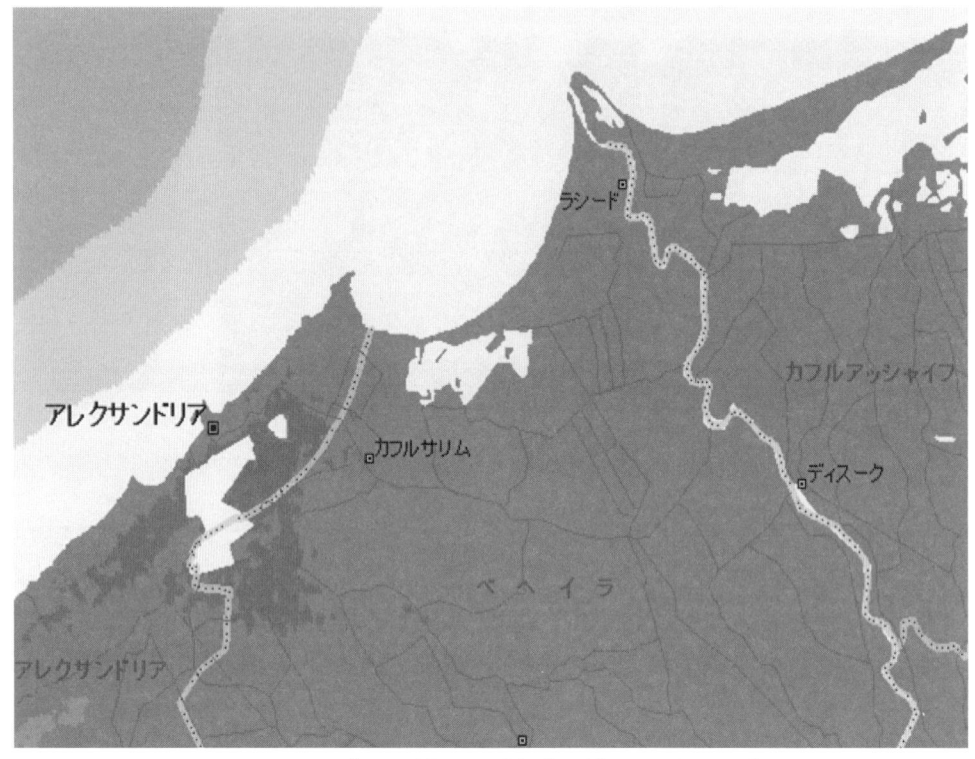

図I-25 ロゼッタ（現ラシード）（マイクロソフト 2001）

写真I-9 ロゼッタストーン
（樺山編 1987）

で書かれていて，これらは全て同じ内容で，エジプト王のプトレマイオス5世の讃辞が刻み込まれているのよ。この文字が，シャンポリオンによって解読されたの。彼は19歳で大学教授になった秀才だったのよ。

ジオ：僕らとほぼ同じ歳で……。

グラ：一方，メソポタミアでは5000年前に楔形文字が誕生するけど，これは粘土板などに先の尖った金属などで書いたものなの（写真I-10）。女性の背後の壁に刻まれているのが楔形文字ね。

グラ：また，フェニキアでは3200年前頃にこうしたヒエログリフや楔形文字の影響を受けてアルファベットができるの。

2. 民族　49

ジオ：グラフィー，ローマ字は？

グラ：絵文字から発達した古代エジプト文字をもとにして，シナイ文字からフェニキア文字，ギリシア文字，古代ローマ字へと発達して，現在のローマ字になったの。

グラ：さらに，中国では3500年前，つまり黄河文明の時代に甲骨文字がつくられるわね。亀の甲羅や牛の骨，あるいはシカやイノシシの肩甲骨を用いたことから甲骨文字というのよ。

また，卜骨（ぼっこつ）といって，これは主にシカの肩甲骨を焼いて，そのひび割れの状態で占うものなの。この甲骨文字が発達して漢字，そして漢字をくずしたひらがなとカタカナが生まれたの。カタ

写真 I -10　楔形文字（橋本 1984）

図 I -26　漢字とかな（安本監 1986）

カナは漢字の一部をとって考案されたのよ。
ジオ：阿のこざとへんからカタカナのアが，位のにんべんからイが生まれたんだね（図Ⅰ-26）。
グラ：漢字とひらがな，カタカナをみると，日本語がどのようにしてつくられたのかがわかるわね。右がひらがなで，左がカタカナね（図Ⅰ-26）。

## d．宗　教

グラ：次に宗教だけど，ここでは民族と宗教とのかかわりを理解しようと思うの。ジオ，三大宗教というと？
ジオ：キリスト教とイスラム教と仏教だよね。
グラ：そうね。まずキリスト教からみてゆくと，イエス・キリストはユダヤ，現在のイスラエルのナザレ，聖書ではベツレヘムという村で誕生したとされているの。キリストというのは，ヘブライ語の「メシア」のギリシア語訳で，「救世主」を意味するのね。キリストは，ヨハネの宗教運動に共鳴してヨルダン川で洗礼を受けるけど，伝統宗教を批判したために，32歳ぐらいでゴルゴタの丘で十字架にかけられたとされているの。
ジオ：グラフィー，キリスト教というのはどんな宗教なの？
グラ：定義は難しいけど，「キリストを神の子として，唯一絶対の神によって魂の救いを得よう」とする宗教で，カトリックとプロテスタント，ギリシア正教などの東方正教会，その他に分かれていて，信者は24億4000万人（2020年）いるの。
　　　まずカトリック（旧教）だけど，これはギリシア語で「普遍的な」という意味で，主にラテン民族の人びとが信仰していて，信者は52％にもなるの。ローマ市内にあるバチカンを総本山として，エルサレムがその聖地ね。
ジオ：エルサレムというと……。
グラ：そうね。エルサレムは，キリスト教だけじゃなくて，ユダヤ教やイスラム教の聖地でもあるわね。このバチカン市国の元首であるローマ法王は，教皇ともいっているけど，「地上におけるキリストの代理者」とされているの。
　　　次に，プロテスタント（新教）だけど。
ジオ：プロテスタント……。
グラ：そう。ローマ・カトリック教会にプロテスト（抗議）して分離したキリスト教の派からなっていて，ゲルマン民族を中心に22％の信者がいるの。これは，聖書を中心とした個人の信仰を重視する宗教で，カトリックのように，聖職者と信徒との身分上の違いを認めない「万人祭司」の立場をとっているのね。
　　　さらに，東方正教会はスラブ民族を中心に13％の信者がいて，主な宗教都市としては，トルコのイスタンブールやモスクワなどがあるの。カトリックは，1054年にローマ・カトリック教会と東方正教会に分裂するけど，ギリシア正教はこの東方

正教会のなかでギリシアを管轄地域とする独立した宗教になるのね。

グラ：次に，イスラム教（回教）だけど。

ジオ：イスラムというのは？

グラ：「神に自己を服従させる」という意味なの。7世紀の前半に，マホメット（ムハンマド）によって布教が始められるのね。マホメットは裕福な商人であったとされているけど，30歳の後半からメッカ郊外にある山中の洞窟にこもって修行を重ねて，創造主である唯一神アラーのみことのりを受けて預言者となるのよ。

ジオ：イスラム教にはコーランという聖典があるよね。

グラ：これは，「神の前の平等と弱者救済のモラル」を強調しているのよ。イスラム教徒はムスリムとよばれていて，信者は19億人（2020年）もいるの。主に8割以上をしめるスンニ派と1割強のシーア派からなっているのね。また，イスラム教では，コーランの教えにしたがって6信5行を基本としているの。

ジオ：6信5行？

グラ：つまり，六つのことを信じ，五つのことを実行をしなければならないの。イスラムの信仰は，次の六つの存在を信じることが基本とされているのよ。

　1．信仰対象の唯一神はアラー（アッラー）である。
　2．天使の存在を信じる。
　3．コーランのみが真の教典である。
　4．マホメットは神ではなく預言者である。
　5．来世・審判の日に，天国行きもしくは地獄行きが決定される。
　6．人間には神により定められた運命があり，これを天命という。

この六つの全てを信じよという重い信仰なの。

ジオ：……。

グラ：そして，イスラムの行としては五つあるの。
　まず，シャハーダといって信仰していることを告白するの。次に，サラートとよばれる礼拝をするの。イスラム社会では，サウジアラビアのメッカのカーバの神殿にむかって1日5回の礼拝が決められているの。

ジオ：1日5回も……。

グラ：そう。ファジルは日の出の30分前，ズフルは正午の30分前，アスルは日没の1時間半前，マグリブは日没の5分後，イシャーは日没の1時間45分後で，特に日没が重要視されているのよ。

ジオ：なぜ？

グラ：これはユダヤ教も同じだけど，1日というのは前日の日没から始まって，当日の日没で終わるとされているの。だから，その日の終わりと次の日の始まる日没が重要なのね。

ジオ：こうしてみると，なかなか厳しい礼拝の規制だね。

グラ：でも，現実にはかなり融通をきかせていて，仕事の都合に合わせて適当な時間に礼拝をおこなっているのよ。
　　そして，3番目の行としては，サラムとよばれる断食があるの。アラビア語でラマダーンといって，イスラム暦の9月が断食の月ね。この1ヶ月間は，日の出から日の入りまで，つまり昼間のいっさいの飲食が禁止されるの。

ジオ：……。

グラ：食べ物に関する教義では，豚肉と飲酒が禁止，もちろんタバコもだめ。厳密にいうと，ツバを飲み込むことさえ禁止されているのよ。

ジオ：禁酒……。

グラ：……。
　　4番目に「ザカート」とよばれる喜捨(きしゃ)。これは貪欲を克服するための手段で，自ら進んで寺社に寄進したり，貧しい人に施しをすることなの。
　　そして，5番目は「ハッジ」とよばれる巡礼。聖地であるメッカを巡礼することは，イスラム教徒にとっては生涯の夢なのよ。イスラム暦の12月の7日・8日・10日の巡礼は，特に大巡礼（ハッジ）とよばれていて，神聖視されているの。
　　このイスラム教の信仰地域は北アフリカから西アジアやインドネシアと広くて，サウジアラビアのメッカとメディナ，イスラエルのエルサレムがその聖地なのよ。

ジオ：聖地が複数あるんだ……。

グラ：メッカは570年にマホメットが誕生したところで，620年からイスラム教の聖地となったし，メディナのモスクにはマホメットの墓があるの。

ジオ：世界には，各宗教の聖地がいろいろあるよね。

グラ：そうね。たとえば，歴史上の人物ゆかりの地や巡礼者や信者が神との同一化をはかる場所が聖地になっているし，山や森，川，泉といった自然物が信仰の対象や聖地となる場合もあるわね。こうした聖地は，いずれも空間認識の象徴としての一定の土地というものが尊重されているの。

グラ：中国山東省の泰安市の北に泰山（1545m）という山があって（図Ⅰ-27），ここは道教の聖地の五岳の一つで，1987年に複合遺産として世界遺産に登録されたのよ（写真Ⅰ-11）。

ジオ：山頂まで階段を登っていくんだ……。

グラ：6000段以上の石段を登るけど，最後の約1kmは傾斜角45度になっているの。

ジオ：……。

グラ：石段を登りきって南天門に達すると，仙人になるといわれるのよ。麓から山頂までは約20kmあるけど，今では途中までバスで行って，そこから登れるようになったの。

グラ：その他の聖地としては，スリランカの南部（図Ⅰ-28）のサマラナ・カンダにあるアダムス・ピーク（サバラガムP）があって（写真Ⅰ-12），ここはイスラム教と仏

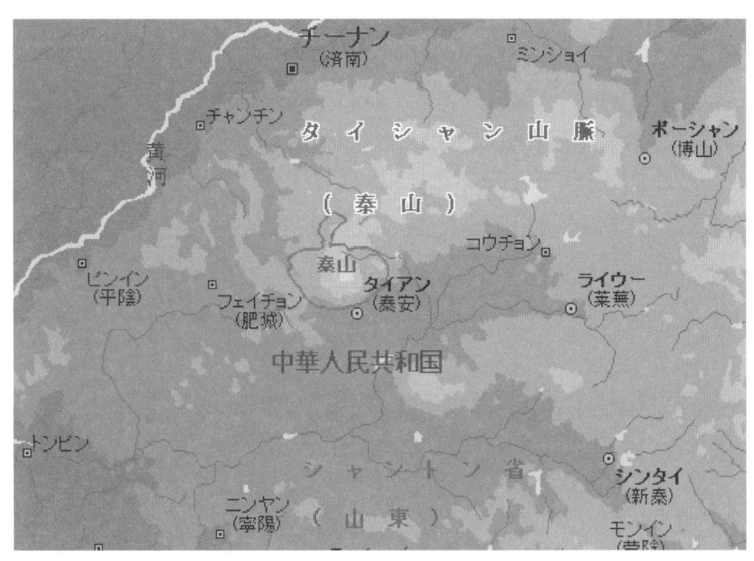

図Ⅰ-27　泰山（マイクロソフト 2001）

写真Ⅰ-11　泰山（河野編 1985）

　　　教，ヒンドゥー教の信仰の中心地とされているの。この山頂に岩のくぼみがあって，これが信仰の対象になっているのね。
ジオ：岩のくぼみが信仰の対象？
グラ：そう。このくぼみを，イスラム教徒は「アダムが楽園を追放された後に立ち続けた

54　第Ⅰ部　人種と民族

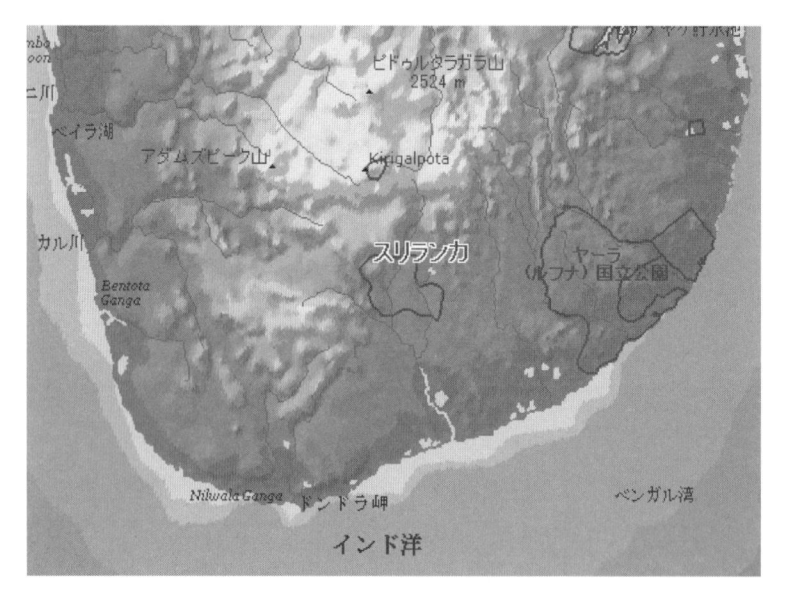

図Ⅰ-28　スリランカ南部（マイクロソフト 2001）

写真Ⅰ-12　聖地サマラナカンダ（アダムス・ピーク）（藤原 1985）

跡である」として，アダムス・ピークと名づけたの。また，仏教徒は「蝶の山」といって，仏陀が蝶のごとく舞い降りてくぼみができたとしたの。さらに，ヒンドゥー教徒は「創造の神シヴァの足跡」であるとしたのね。

ジオ：シヴァ神？

グラ：このシヴァ神はヒンドゥー教の3大神の一つで，シヴァ神の異名つまり別の名前は万物創造の最高神である「大自在天」というの。シヴァは創造神であるとともに，実は破壊神や復讐神でもあるのね。

グラ：次に仏教についてみてみるけど，ジオ，仏教をひらいたのは？

ジオ：釈迦だよね。

グラ：そうね。釈迦というのは，出身部族のシャカ族の名からきていて，釈迦の本来の姓はゴータマ（ガウタマ）・シッダールタというの。紀元前6世紀，35歳の時，一説には30歳ともいわれているけど，インドのブッダガヤ（図Ⅰ-29）の菩提樹のもとで瞑想に入って，悟りを開いたといわれているのよ。

ジオ：たしか成道といったよね。

グラ：そうね。ブッダというのは，「（真実を）悟った者」という意味で，これが仏教という宗教名になったのね。信者は，アジアを中心として4億9000万人（2020年）にのぼるの。その教義は，人生を苦ととらえて，修行によって苦から解放して，悟りの境地に達するというものなの。そして，その修行は八正道といって，仏教の修行の基本となる八種の実践徳目からなっているのよ。

ジオ：八種の実践徳目？

グラ：そう。正見（見る），正思（思い・考え），正語（言葉），正業（行い・行動），正命（生活），正進（人と調和する），正念（目的意識を正しく持つ），正定（瞑想）。この八つの規範にあてはめて毎日生活をすること。これ以下でも，これ以上であってもいけないというものなの。

ジオ：……。

グラ：キリスト教やイスラム教では祖先崇拝を排除しているけど，仏教では多くが祖先崇拝を受け入れているわね。ただし，釈迦の時代には，祖先崇拝や死後の世界とは関連をもってはいなかったらしいの。

ジオ：グラフィー，この仏教は大きく二つに分かれるよね。

グラ：大乗仏教と上座部仏教ね。大乗仏教のこの大乗というのは，「自分たちの生き方が理想に至るための優れた大きい乗り物だ」という意味でつけられたのね。

この大乗仏教は，広く社会全体を救済しなければ自己の救いもないとする立場をとっていて，自分の悟りとともに，生きとし生けるものの救済を願うというものなの。本来は，阿弥陀仏の本願によって成仏するもので，他力本願。

ジオ：他力本願はよく耳にするけど。

グラ：そうね。今では「他人の力を借りて事をなす」といった意味に変化しているわね。

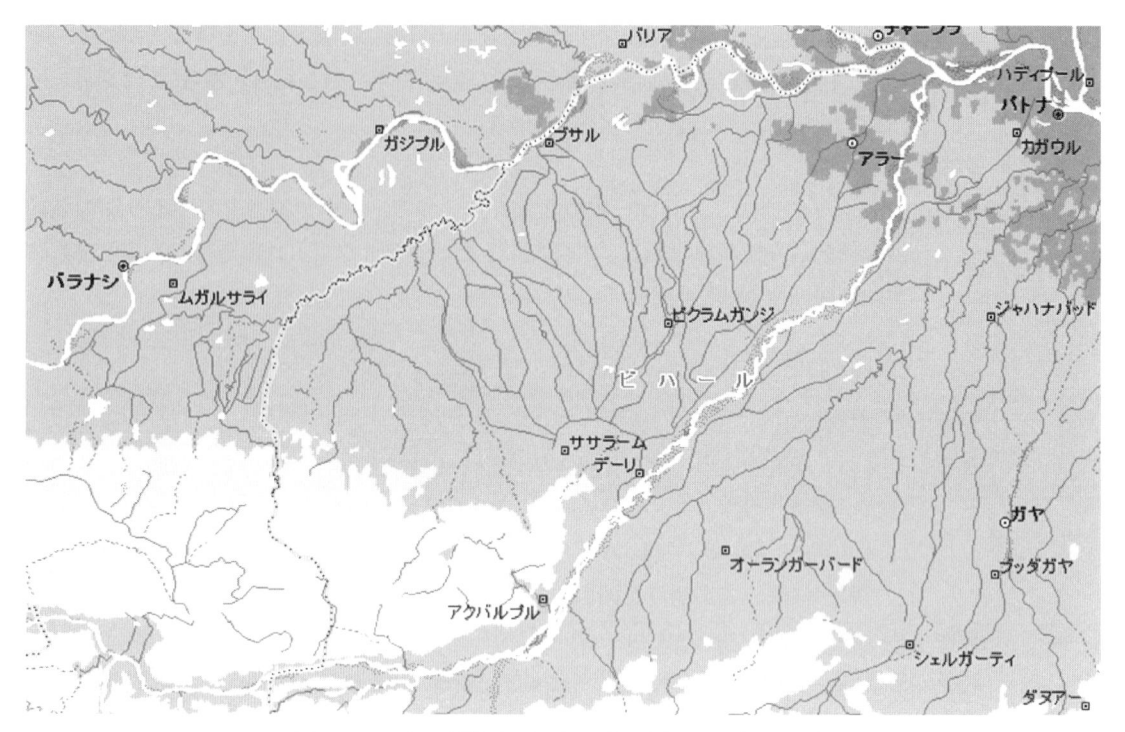

図Ⅰ-29 ブッダガヤとバラナシ（マイクロソフト 2001）

　　　この大乗仏教は北回りで伝わって，現在では主に東アジアや日本で信仰されているの。
ジオ：グラフィー，上座部仏教というのはどんな宗教なの？
グラ：以前は大乗仏教に対して小乗仏教といっていたの。この小乗仏教という名称は，大乗仏教が既成の仏教部派のことをよんだ蔑称で，今では上座部といういい方をするのよ。この上座部仏教は，自己の修行の功徳によって悟りをひらく，つまり個人の悟りを重視する立場をとるの。
ジオ：自力本願だね。
グラ：だから，厳しい戒律に基づいた修行がおこなわれるの。上座部仏教は南回りで伝わって東南アジアやスリランカで主に信仰されていて，聖地はブッダガヤね。

グラ：次に民族宗教をみてみると，まずヒンドゥー教で11億6000万人（2020年）もの信者がいるの。インドでは8割の人びとが信仰しているけど，実はインドは多宗教国家で，ヒンドゥー教の他に，イスラム教，キリスト教，シ（ー）ク教，ジャイナ教，仏教などが信仰されているのよ。聖地はガンジス川中流域のバラナシ（ベナレス）ね（図Ⅰ-29）。

写真Ⅰ-14　ガンジス川の沐浴（澁沢・佐野監 1986）

写真Ⅰ-13　バラナシ（木村監 1983）

## ◆ 人間の生と死

**グラ**：ヒンドゥー教徒は来世の幸福を願って，聖なる川ガンジスで死ぬことを願うのよ。ヒンドゥー教徒の象徴であり，あこがれがこのガンジスなの（写真Ⅰ-13・14）。

**ジオ**：歌手の長渕 剛の曲に「ガンジス」というのがあるけど……。

**グラ**：そうね。人間の生と死をテーマにした曲よね。

**ジオ**：そうなんだ。

**グラ**：ジオ，次にカーストという身分制度について考えてみたいと思うの。ヒンドゥー教の教義と結びついて，インド社会を固定し続けて，近代化の妨げとなったのがこのカースト制なのね。

**ジオ**：カースト？

**グラ**：これはポルトガル語の casta（血統）に由来していて，インドではジャーティ（生まれを共にする人びと）とよばれるの。インド社会を構成する重要な社会単位になっていて，3000 以上に細分化されているのよ。

**ジオ**：その制度というのは？

**グラ**：カースト制度の主なものは，三つあるの。まず職業の世襲制。つまり親の職業を引き継ぐということ。次に食卓の共用。原則としてカースト上位の者は下位の者から食べ物を受け取れず，受け取れば汚（けが）れるとされているの。同一カースト内の共用，これはカーストの階層の上下が決定づけられる主な要因なのね。さらに同一カースト内での結婚。つまり，カーストの階層を越えて男女が結ばれることはないの。

ジオ：……。

グラ：1950年に差別禁止の憲法が公布されたけど，このカースト制は今なお残存しているのよ。カースト制度は四つの基本的な身分制度からなっていて，これはバラモン教の教典の「ヴェーダ」に基づいて，四つの階層に区別されたことに始まるの。
その後，8世紀にイスラム教徒によってインドが制圧されてから，階層区分の制度が激しくなって，出生を基準とする過酷なものになるのよ。つまり，生まれた階層で身分が決まるというものなの。

ジオ：その階層というのは？

グラ：まず，トップにインド古来のバラモン（司祭・僧侶），そのなかでもマタンタは最高の位で，日本の関東平野程度の領地をもつマタンタもいるのよ。次にクシャトリア（貴族・武士），さらにバイシャ（庶民），そしてシュードラ（奉仕者）という4種の身分で，インドではヴァルナ（色）とよばれているの。
さらに，これらの階層に入ることのできないアウトカーストが存在するのよ。それは，ハリジャンあるいはアンタッチャブル untouchable（不可触賎民）とよばれる人びとのことなの。

ジオ：昔，アメリカのギャング映画で「アンタッチャブル」というのがあったよね。

グラ：あれは，FBI職員がアメリカのギャングの買収に断じて応じてはならない，接触してはならない un touch able というところからきているの。
こうしたハリジャンとよばれる階層は，農地開放によって現在は自作農となっているわね。

グラ：インド西部に，以前大地震のあったマハーラシュトラ州の中心都市ムンバイ（ボンベイ）（図Ⅰ-30）があるよね。

ジオ：2006年の7月にイスラム教徒による列車の爆破テロのあったムンバイだね。

グラ：このムンバイでは，飲料用の貯水槽の水をハリジャンが利用することは許されていなかったの。ところが，ハリジャン以外の動物はこの水を飲んでいいのよ。

ジオ：つまり，彼らは動物以下の扱いを受けていた……。

グラ：こうした下層階級の人びとというのは，インドの総人口約13.9億人（2021年）のうち，1割強と推計されるのよ。こうした身分制度があるために，ヒンドゥー教徒が，仏教への改宗の動きをみせているの。

ジオ：……。

グラ：でも，こうしたカースト制度は徐々にではあるけど改正されつつあって，公務員採用や大学の入学許可の緩和の動きがあるの。

グラ：次に，その他の民族宗教についてみてみると，まずユダヤ教はイスラエルを中心に信仰されていて，聖地はエルサレム。これは，ユダヤ人が再建したエルサレムの神殿に集まって，唯一神であるヤハウェ（ヤーベ）に忠誠を誓った時から始まるの。

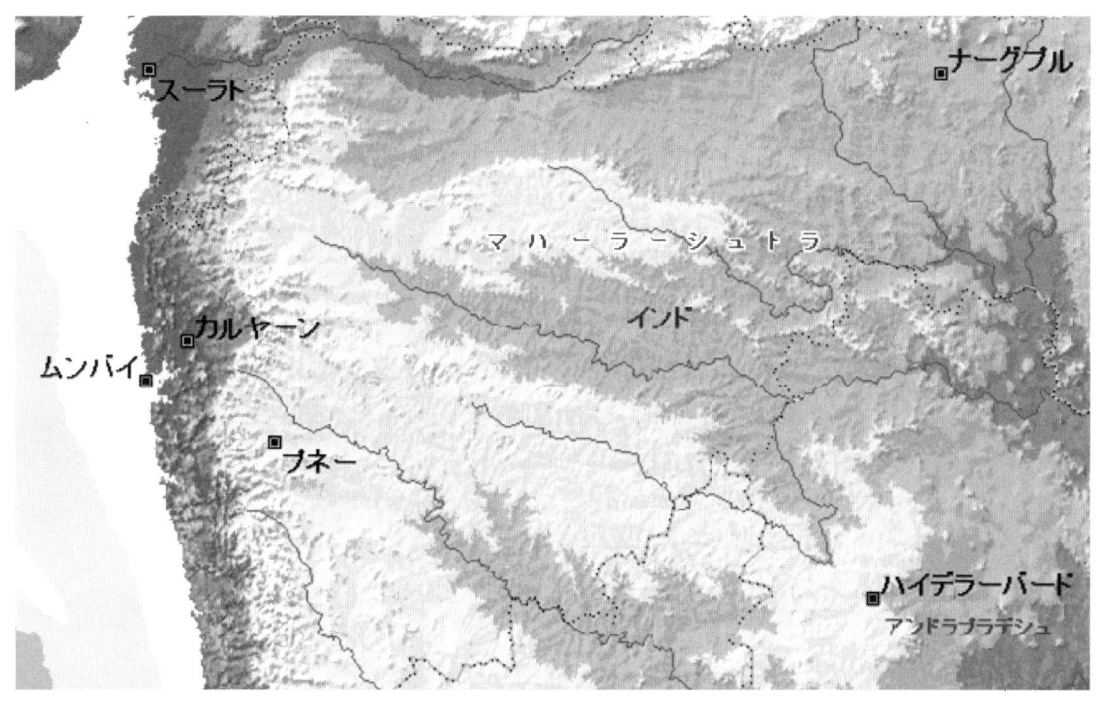

図Ⅰ-30　ムンバイ（ボンベイ）（マイクロソフト 2001）

**ジオ**：グラフィー，宗教と食事の習慣とは密接にかかわっているよね。

**グラ**：そうね。このユダヤ教は特に食事の制限が厳しいのよ。カシュルートといって，これはヘブライ語で食事の規定のあるものなの。これに対して，コーシャというと，食べてよいもので両者の区別がはっきりとしているの。宗教的に不浄な食べ物として，豚肉やエビ，カキ，タコ，イカなどの軟体動物があるわね。

**ジオ**：牛肉は？

**グラ**：OK。ただし血のしたたるビーフステーキはダメ。エスカルゴや生魚，鳥，ハムやソーセージもダメ。ジオはユダヤの世界で生きてゆける？

**ジオ**：……。

**グラ**：このように，食事制限は厳しいけど，お祈りをしたものなら食べてもいいことになっていて，市場では聖職者による「お祈り済みマーク」のついた食べ物が販売されているのよ。

**ジオ**：お祈り済みマークであれば食べれるんだ……。

**グラ**：次に，チベット仏教（ラマ教）。これはチベットやモンゴルで信仰されていて，聖地はラサ。真理を伝える僧，この僧のことをチベットではラマとよんでいるの。このラマによってのみ，仏教が伝えられると考えられているのよ。このラマ教は，大乗仏教の一派で，7世紀にインドからチベットに伝えられたものなの。
　また，儒教や道教は中国や朝鮮半島を中心に信仰されているわね。

**ジオ**：儒教は孔子の唱えた教義だよね。

グラ：儒教は,「修己治人」つまり「己れを修めて人を治める」ことを根本理想としている。つまり,己れを修養して徳をみがいて,その徳で人びとを感化して世を安らかに治めることね。
ジオ：道教は？
グラ：民間信仰の神仙思想プラス道家の思想からなっていて,いわば老子と荘子の教えがミックスされたものなの。

グラ：次に,原始宗教。これは二つあって精霊崇拝と自然崇拝。精霊崇拝はシャーマニズムともいわれて,韓国をはじめとしてアジア各地で信仰されているわね。
ジオ：シャーマンというのは？
グラ：ツングース語やゴルド語の「サマン(呪術)」からきているの。宗教的職能者といわれるシャーマンというのは,魂を自己の身体から分離させて,遠く離れた所で神々や先祖の霊と交流することのできる人なのよ。
ジオ：日本ではミコといっているよね。
グラ：その他,ユタやカミサマ,青森県下北半島の恐山ではイタコといっているわね。

## ◆ あなたの描く卑弥呼像

グラ：3世紀に陳寿がまとめた『三国志』のなかの「魏書」の第30巻,「東夷伝の倭人の条」つまり「魏志倭人伝」にでてくる卑弥呼。彼女はシャーマンの女王とされているの。耶馬台国でも彼女を見たものはいないといわれる程に神秘的な存在,それが卑弥呼。誰も見たことがないから,誰もが想像をふくらませて思い描くのね。
　たとえば,①は里中満智子さんの描く卑弥呼,②は魏の天子より下賜された「絳地交龍錦」の着物を着た卑弥呼,③は鉄輪寿松氏の描いた卑弥呼,④は安田靫彦氏の描いた卑弥呼,⑤は栄永大治良氏の描いた卑弥呼,⑥は高齢の卑弥呼,⑦はコンピュータで合成した卑弥呼(図Ⅰ-31～36,写真Ⅰ-15)。ジオの卑弥呼像とはどんな姿？
ジオ：僕の好みのタイプは③!!。
グラ：……。

グラ：次に自然崇拝だけど,アニミズムともいわれるよね。これは,ラテン語で「霊魂」を意味するアニマからきていて,アフリカや東南アジア,南アジアを中心に信仰されているの。このアニミズムは,太陽や月,動植物といった生物,さらには無生物を神聖視するもので,こうした自然界のあらゆるものに霊魂または精霊が宿っているとする考えなのね。
ジオ：「ブッシュマン」の映画にあったコーラのビンでも,彼らは「神からの贈りもの」として受けとめたよね。

図Ⅰ-31　卑弥呼①
（佐原 1997）

図Ⅰ-32　卑弥呼②（竹内編 1991）

図Ⅰ-33　卑弥呼③（吉成編 1997）

図Ⅰ-34　卑弥呼④（西嶋 1991）

図Ⅰ-35　卑弥呼⑤
（大庭編 1999）

図Ⅰ-36　卑弥呼⑥（竹内編 1994）

写真Ⅰ-15　卑弥呼⑦
（竹内編 1994）

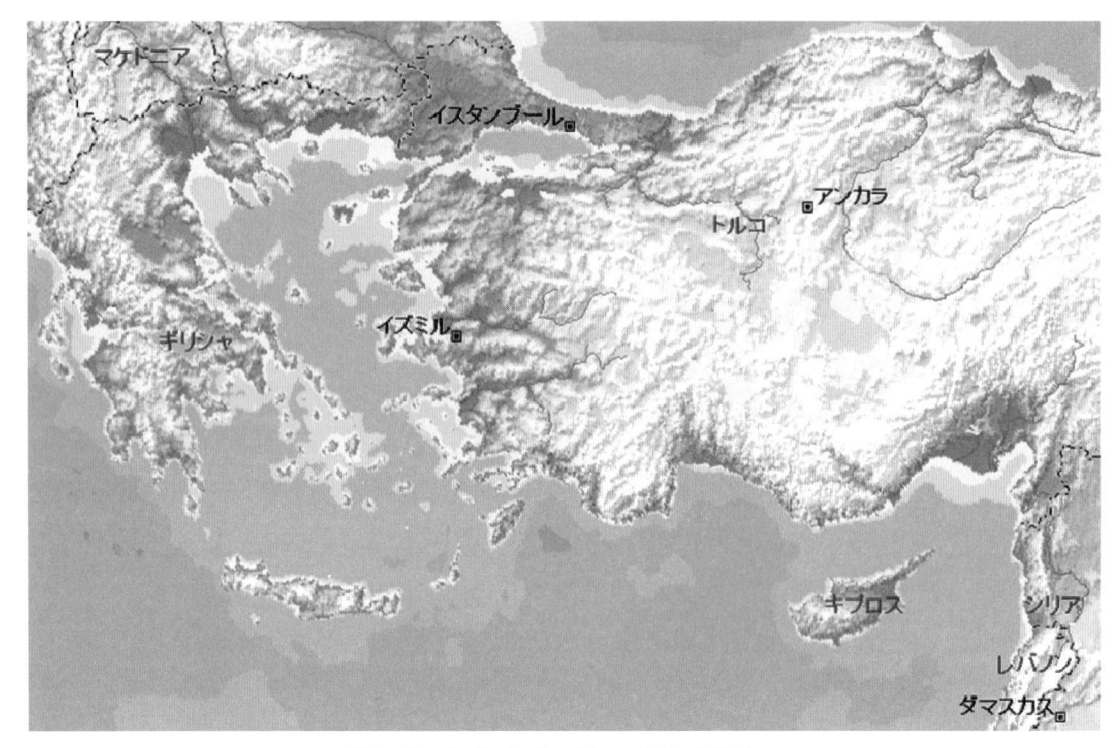

図Ⅰ-37　**キプロス**（マイクロソフト 2001）

**グラ**：これに対して，トーテミズムは中南米のインディオが信仰している原始宗教で，動物を守護神とするものね。

**ジオ**：インディオの集落の入り口には，動物をかたどったトーテムポールが立っているよね。

**グラ**：次に，民族間の対立と宗教とのかかわりについてみることにするね。人種対立と同じように，有史以来戦禍の火が消えたことはないといわれるほどに，世界各地で民族間の対立が生じているけど，ここではその一部を取り上げることにするわね。ジオ，キプロスという国を知ってる？

**ジオ**：トルコとギリシアに近い地中海の島国だよね（図Ⅰ-37）。

**グラ**：そう。キプロスの人口は約121万人（2021年）で，ここではイスラム教を信仰する1割のトルコ系住民とギリシア正教を信仰する8割のギリシア系住民との対立が生じているの。1983年にキプロス北部で「北キプロス＝トルコ共和国」の宣言がなされたけど，国際的にはギリシア系キプロス人の政府のみが承認されているのよ。

**ジオ**：他には？

**グラ**：レバノンでは，キリスト教徒とイスラム教徒との対立があって，南のイスラエルでは，ユダヤ教徒とイスラム教徒との対立が激化しているよね。また，スリランカでは上座部仏教徒のシンハリ族とヒンドゥー教徒のタミル族との対立。さらに，フィリピンでは，旧教徒のタガログ族とイスラム教徒のモロ族との対立がみられるわね。

2. 民　族　63

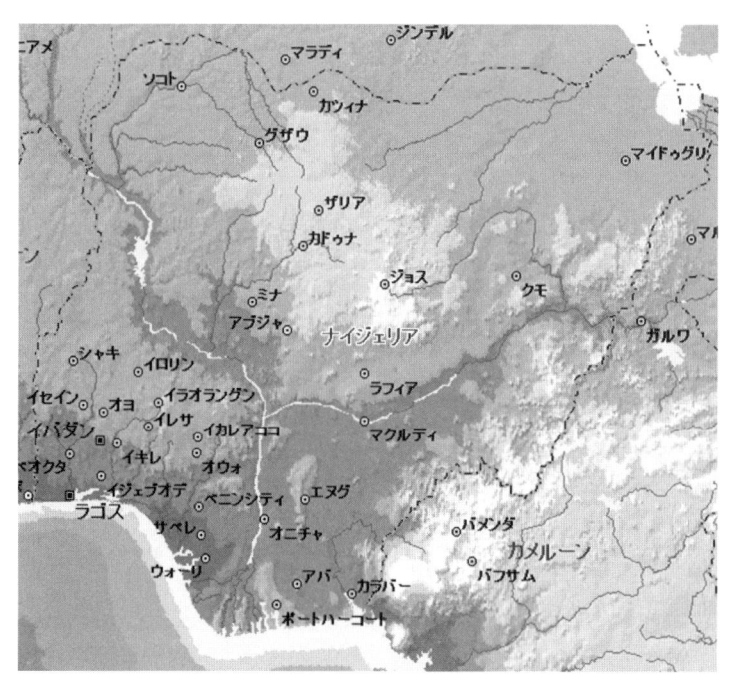

図Ⅰ-38　ナイジェリア（マイクロソフト 2001）

グラ：ナイジェリア（図Ⅰ-38）の人口は約1億5150万人（2008年）で，この国は3大部族と約250の少数部族とからなっているの。北部のイスラム教徒のハウサ族（22％）と南西部の土着信仰である原始宗教を信じるヨルバ族（21％），そしてこの両者と南東部ののキリスト教徒であるイボ族（18％）とが対立しているのね。

ジオ：それはなぜ？

グラ：南部のニジェール川河口のポートハーコートで原油が採掘されたことに始まるの。その石油の利権をめぐる対立が原因なのよ。

グラ：イギリスの北アイルランドでは（図Ⅰ-39），北部にゲルマン民族が居住していて，彼らはスコットランド人で新教（65％）を信仰しているの。これに対して，南部にはケルト族が居住していて，彼らは旧教（35％）を信仰している。このケルト人の生活水準は低くて，就職も厳しいの。

ジオ：こうした経済較差も南北対立の原因になっているんだ……。

グラ：ジオ，カシミール地方をよくみて（図Ⅰ-40）。

ジオ：国境が破線で示されている……。

グラ：カシミール地方というのは，インド北西部か

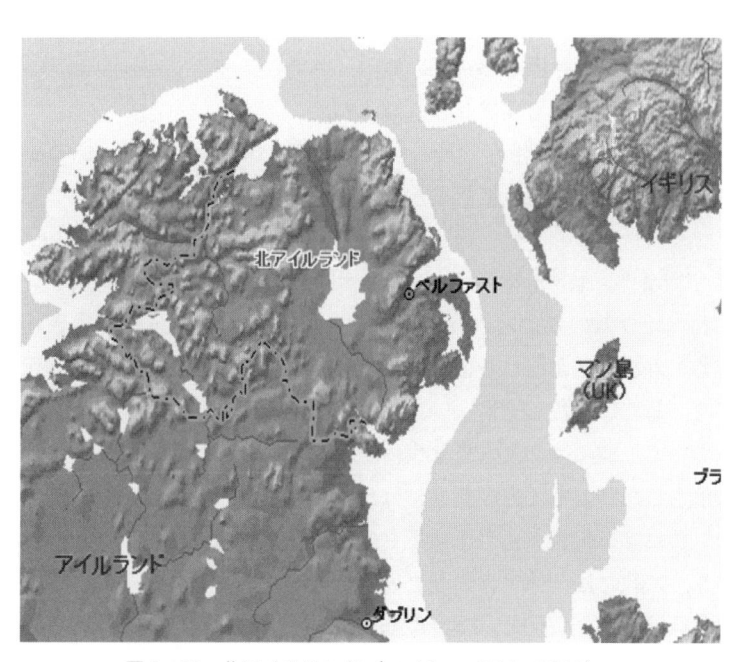

図Ⅰ-39　北アイルランド（マイクロソフト 2001）

図Ⅰ-40　カシミール地方（マイクロソフト 2001）

　　　らパキスタン北東部にかけての地域で，ここではヒンドゥー教徒とイスラム教徒との対立が生じているの。インドとパキスタンとの民族間のエゴのために，核実験というおろかな行為が以前あったよね。
ジオ：核保有国がイコール被爆国になるということがなぜ分からないんだろうね。
グラ：こうした民族間の対立をみると，その主な原因は宗教的な対立なのね。宗教が政治を支配しているために，紛争の原因となっている。
ジオ：じゃぁ，宗教とは一体何なのかと考えさせられるよね。
グラ：ところで，30年前までは，日本は世界で最も平和で安全な国だったけど，ある事件で世界で恐れられる国の一つになってしまった。ジオ，知ってる？
ジオ：……。
グラ：それが，地下鉄サリン事件。1995年3月20日の朝に，東京の都心は無差別テロの被害にあったよね。オウムの考えというのは，「世紀末のハルマゲドンで生き延びるのは自分たちで，カリマとよばれる俗世の人たち，つまり私たち一般市民は死んでゆく運命なんだ，あるいは殺してもいいんだ」という考え方なの。
ジオ：こうした考えに基づいて，彼らはさまざまな事件を引き起こしていったんだね。
グラ：彼らにとって正当化されたこの考え方の背景には，「ヴァジラヤーナ（金剛乗）」という教義があるの。これは，殺人を正当化するものと解釈されているの。
ジオ：このオウムの事件も，宗教とは一体何なのかということを考えさせられるね。
グラ：ところで，安田喜憲氏は『講座文明と環境13 宗教と文明』の「森は多神教の世界を守った」という項のなかで，「仏教はシャカがキリスト教はイエスが説いた教え

なのではない，シャカが森の中で呼吸し森と交流する中で思考し，体験し，悟った教えなのである。宗教とは人間が自然・風土との交流の中から生み出した思想体系なのである。自然と風土との交流をぬきにして宗教は語りえない」と述べていて，ここでは宗教と風土との相互補完の重要性が説かれているの。

ジオ：宗教というものを，もう一度考え直してみる必要があるね。

グラ：そして，もう一つ考え直さなければならないのが，日本人と宗教の問題なの。

ジオ：日本人と宗教？

グラ：まず，日本の宗教の特性についてみると，日本は多宗教で宗教の博物館や宗教のマーケットとよばれるほどに多様な宗教が信仰されているのね。さらに新興宗教。

ジオ：新興宗教のなかでも営利を目的とした教祖崇拝型の宗教も，これまた無数にあるよ。

グラ：そうね。このことは韓国でも同じで，伝統的なものとしてシャーマニズム，これにキリスト教，道教，儒教，仏教，そして統一教会をはじめとする新興宗教が250以上あるといわれているの。

日本の宗教の二つめの特徴として重層信仰があるの。「神仏習合」とよばれるほどに，日本人は複数の宗教や思想を信仰している。だから，1億2000万の人口だけど宗教人口は2億1000万人もいるといわれているの。

ジオ：……。

グラ：これは，何らかの形で神仏の行事に参加する人の総数ね。日本には，神道人口といって神道行事に参加する人びとは総人口の90％。全国には，大小合わせると約8万の神社があって，これらの神社とその氏子が地域の共同体を形成しているのね。

ジオ：つまり，神社が地域共同体の核となっているんだ。

グラ：神社の各種の祭に代表されるように，神社と地域とが密接に結びついているわね。こうした神道人口に対して，仏教人口は73％なの。お葬式にみられるように，お寺は一個人との結びつきが強いわね。

ジオ：なるほど，日本では神仏の両方プラスアルファーが信仰されているんだ。

グラ：他の国ぐにでは，一つの宗教を崇拝していて，しかも唯一神となる場合が多いよね。外国の人たちには，日本人のこの重層信仰が理解できないらしいの。

## ◆あいまいな日本人

グラ：ところで，日本人のこの宗教観の「あいまいさ」。大江健三郎氏の『あいまいな日本の私』という本があるけど，氏のいうところの「アムビギュアス」ね。

ジオ：グラフィー，日本人の何があいまいなの？

グラ：日本人の宗教に対するあいまいさを典型的に示しているのが冠婚葬祭なの。つまり，生と死やお祝いの儀式をみればよくわかるよ。ジオ，たとえば結婚式の一連の儀式をよく考えてみて。結婚式に出ていて，式の一連の儀式に疑問を感じたことはない？

ジオ：……。
グラ：藤井康男氏が『文科的理科の時代』でも述べているけど，まず式の日どりを決める時に，これは仏教の六輝といって，1先勝，2友引，3先負，4仏滅，5大安，6赤口とあるよね。ジオ，式の日どりで多いのは？
ジオ：大安の日を選ぶよね。
グラ：次に，結婚式というと神前結婚で，これは神道ね。そして，披露宴。まず「新郎・新婦のご入場」といって，ウェディングマーチをかなでるけど，これはキリスト教なの。お色直しの後にキャンドルサービスがあるわね。ジオ，あれは何がサービスなの？
ジオ：えっ？
グラ：これは電気がなかった頃の，お客様に対するおもてなしということでサービスなの。そして，このローソクに火をつける儀式はギリシア正教。さらに，式の最後に両親への花束贈呈があるけど，これはイスラム教の儀式なの。
ジオ：……。
グラ：このように，結婚式には五つの宗教や思想の儀式が混ざり合っているのね。こういったことに日本人は何の矛盾も感じないし，何の違和感も感じない。
ジオ：外国人からみたら，訳がわからないね。
グラ：それぞれの宗教の儀式が，一つの流れとして行われているの。このように，結婚式一つをとってみても，日本人の宗教に対するあいまいさがわかるよね。

グラ：次に，日本人の宗教観についてみてみようか。先程，日本人の宗教人口は2億1000万人もいるといったけど，「信仰なき宗教」といって無宗教，つまり信仰意識を持たない人も多いのよ。宗教に関する日本人の意識調査をみてみると，実際に宗教を信仰している人は3割弱なの（図Ⅰ-41）。
ジオ：……。
グラ：また，宗教を信じている人の年齢別割合をみてみると（図Ⅰ-42），高年齢になるにしたがって，宗教を信じる人は多くなって，20歳代で約1割，70歳以上で約半分になるのね。死期を間近にむかえると，神にすがりたいと思う人が増えてくるの。
ジオ：図の破線のように，仏壇や神棚に手を合わせる人も同じように増えてくるね。
グラ：ところが，図の実線をみると，無宗教の多いこの日本人の6割の人が，正月の初詣に行ったりしている。しかも，初詣は若い人ほど多く約7割をしめるの。これはファッションの一つになっていて，「宗教の年中行事化」の現れともいわれているの。
ジオ：……。
グラ：また，日本人は他の宗教儀礼を日本の文化にして，それを年中行事にしているのよ。
ジオ：たとえば？
グラ：クリスマスがそう。欧米などでは，クリスマスというのは，1年間の生活のなかで

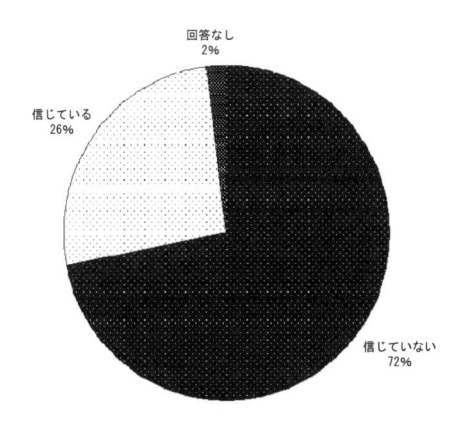

図Ⅰ-41　宗教信仰の割合
（イミダス編集部　1995より作成）

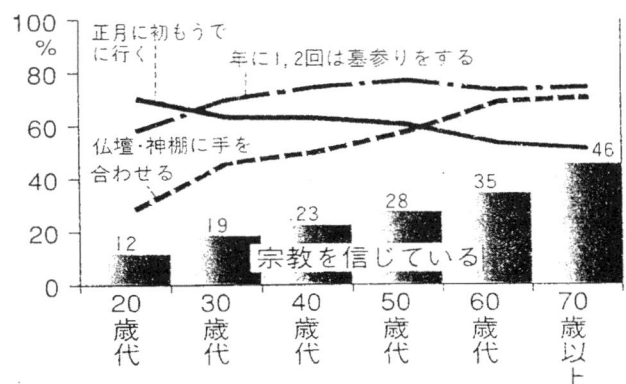

図Ⅰ-42　年齢別信仰心（イミダス編集部　1995）

　　　　も重要な日なの。キリストの誕生，サンタクロース，ケーキ，それだけではないのよ。冬至というのは，太陽暦では12月22日頃で，この日を境に昼の長さが少しずつ長くなるよね。特に北半球の高緯度に住む北欧の人びとにとっては，この日から春に近づいて暖かくなるという重要な意味をもっているのね。
ジオ：9月の末にヨーロッパに行ったことがあるけど，そういえばデンマークのホテルではもうクリスマスツリーを飾っていたなぁ。
グラ：高緯度の地域の人びとは，この冬至の日を待ちかねているのね。
ジオ：グラフィー，バレンタインデーというのは？
グラ：キリスト教の司祭だったウァレンティヌス（バレンタイン）が，ローマ皇帝のクラウディウス2世の指示に抵抗したために処刑された日が2月14日なの。この日が家族と結婚の女神のユノの祝日だったので，キリスト教徒にとってこの日を祭日として，恋人たちの日となったのよ。
ジオ：これがバレンタインデーなんだ。
グラ：そして，恋人にチョコレートを贈るという習慣は，19世紀後半のイギリスで始まったの。
ジオ：えっ？女性から男性に贈るんじゃないの？
グラ：そう。でもこの日に女性から男性に愛の告白としてチョコをプレゼントするようにし向けた国があるの。これは，日本のお菓子メーカーの販売戦略なのよ。
ジオ：……。
　　　日本人というのは，つくづくおめでたい国民だね。
グラ：ホワイトデーも「何かをもらったらお返しをする」という，いかにも日本の伝統的な発想を巧みに利用しているわよね。
ジオ：ホワイトデーの方はなくなってもいいかも。
グラ：……。
　　　このように，日本人は他の宗教儀礼を日本文化に取り入れて，それを年中行事にし

ているの。これは，まさに日本文化の特質を表していて，これは「複合発展文化」とよばれているのよ。日本の文化は，諸外国の文化を導入して，日本の文化と複合させそれをさらに発展させているよね。

ジオ：ここがポイントだね。

グラ：次に，生と死に対する考え方についてみてみるね。宗教の多くは祖先崇拝で，死後も死霊が子孫と関係をもって，子孫の生活に影響を与えるというものなの。仏教では，死者供養と先祖供養が初七日や四十九日，百日忌，一回忌，三回忌などといった形でおこなわれるよね。日本では，十三法事といって，これらに加えて七回忌，十三回忌，三十三回忌などがあるわね。

ジオ：つまり，日本では仏教と儒教をあわせた死者の供養がされるんだね。

グラ：一方，キリスト教やイスラム教では生と死をはっきりと区別するのよ。ジオ，これはなんだと思う？（写真Ⅰ-16）。

ジオ：えっ？……。
石が無造作におかれているね。

グラ：サウジアラビアのイスラム教の墓地なの。

ジオ：……。

グラ：イスラム教徒にとって，死というのは，天国行きか地獄行きかという終末の日の審判を迎えるまでの待機期間にすぎないのね。だから，死者の供養は非常に簡単で，祖先崇拝もみられないの。

**写真Ⅰ-16 イスラムの墓地**（星野 1985）

ジオ：石が置かれている程度で，墓参りの慣習もないみたいだね。
グラ：この生と死に関しては，大きく三つの考えがあるのよ。
①まず，生と死は断絶ではなくて連続するという考え方で，つまり肉体と霊魂の二元論ね。これは，肉体が滅んでも霊魂は肉体と運命を共にすることはないという考えなの。
ジオ：輪廻転生（りんねてんしょう）というよね。
グラ：そうね。人はカルマ，これはサンスクリット語で「行為」を意味するけど，このカルマの働きによって，人は過去から現在へ，そして未来へと生まれ変わるらしいの。
ジオ：つまり，霊魂が別の生に生まれ変わるという考えなんだ。
グラ：その際の前世の記憶は，ある人もいるけどない人の方が多いといわれていたり，3歳〜7歳ぐらいまで残る人もいるといわれたりするのよ。だから，天国行きあるいは地獄行きの基準というのは，生前の行いの倫理的評価によるの。
キリスト教や仏教では，「他界」といって天国や浄土，あるいは地獄や死霊の国に行って，そこで霊魂が暮らすと考えられているのね。
カトリックでは，生前に罪のつぐないをしないと，死んだ後に地獄で霊魂が苦しみを受けると信じられているの。
ジオ：だから，その苦しみを恐れて「ざんげ」をするんだ。
グラ：カトリック教徒にとっては，生前に善い行いをすることが，天国行きのキップを手に入れることになるのね。

グラ：ところで，吉野裕子さんによると，人間はもともとは蛇らしいの（図Ⅰ-43）。
ジオ：蛇……。
グラ：そう。蛇は荒神であり箒神（ほうきがみ）らしいの。このハハキというのはけがれを祓うもので，三重の伊勢神宮の内宮の御敷地（みしきち）にこのハハキ神が祀られていて，6月18日にはハハキ神の祭祀が執り行われるのよ。
吉野さんによると，神社のしめ縄は蛇がからみあっている姿だというの。蛇は人間の祖霊で，人の誕生というのは蛇から人間への変身で，人の死とは人間から蛇への変身なの。だから，「人間というのは仮に人の姿となっている蛇である」と吉野さんはいうの。
ジオ：確かに蛇顔の人はいるよね……。
グラ：吉野さんによると，他界というのは死後だけではなくて前世も含めた他界をさすという考えで，これが循環しているというの。

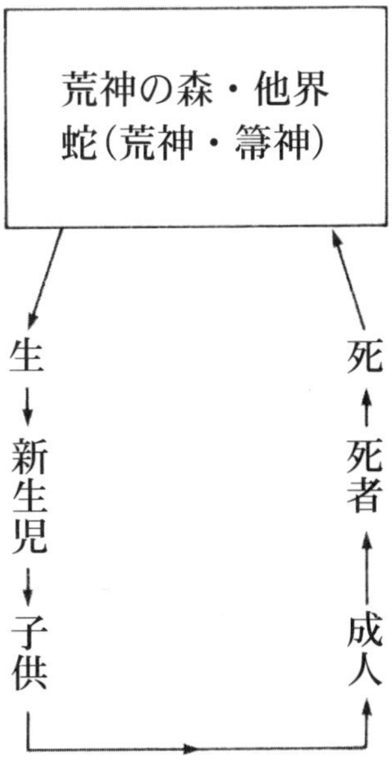

図Ⅰ-43　生死循環
（吉野 1982）

荒神の森・他界
蛇（荒神・箒神）
生→新生児→子供
死→死者→成人

グラ：②死生観の二つめは，①と同じように生と死は連続するけど，

死後の世界も重要視されるという考えね。仏教では輪廻転生の人生を断ち切って仏になる，これを涅槃(ねはん)あるいは解脱(げだつ)といってるの。

ジオ：理想世界の浄土に生まれることを望むという考えがあるよね。

グラ：これは，浄土宗に代表される考えで，極楽浄土に往生するの。そのためには，阿弥陀如来の救いを信じて「南無阿弥陀仏－阿弥陀仏に南無（帰依）する」と唱えるのね。

### ◆ 帰ってきたヨッパライ

グラ：ところでジオ，ここにフォークグループの曲があるの。

ジオ：えっ？

グラ：ザ・フォーク・クルセダーズというグループを知ってる？

ジオ：聞いたことはあるけど……。

グラ：「帰ってきたヨッパライ」という曲。

ジオ：おもしろいタイトルだね。

グラ：歌の内容は，ある男が酔っぱらい運転で死んだの。でもなぜか天国に行って，天国でもお酒を飲み続けたのね。そのために，天国から追い出されて，雲の階段を踏みはずして，地上に落ちて，そして生き返ったというものなの。

ジオ：……。

グラ：この曲は，日本人の死生観を根底からくつがえしたパロディなのよ。酔っ払い運転で死んでも，天国にいける。天国でもお酒が飲める。天国には恐い神様がいて，天国で悪いことをしたら追い出されて，そして生き返れる……。

ジオ：矛盾したものばかりだね。

グラ：ところで，この歌に仏教会から批判がでたの。

ジオ：どうして？

グラ：「天国とはなんだ，浄土といいなさい」と。

ジオ：……。
　　そういう問題ではないと思うんだけど。

グラ：③そして，生と死に対する三つ目の考え方，これは死後に肉体も霊魂も生まれ変わることはない。人の死で全てが終わるというものなのよ。
　　生命を一回きりのものと考えるか，あるいは永遠に繰り返してゆくものと考えるか。ジオはどう？

ジオ：……。

グラ：ところで，この肉体の死に対する考え方や扱い方は，宗教によっても地域によってもさまざまだよね。火葬にするか，土葬のように直接埋葬するか，さらにはミイラにして残すか。いろいろあるけど，ジオ，散骨葬という言葉を知ってる？

ジオ：うん。自然葬ともいって，山や川，海などに遺灰をまいたり，樹木葬にしたりするんだよね。
グラ：これは，「人間は死んだら自然に戻る自然回帰」と「こだわりや固定観念から解放された自然な葬法」という考えからきてるのね。
　　　散骨に関するアンケートの結果をみてみると，20歳代〜40歳代の人は「あってもよい」が6割をしめるけど，50歳以上になると「そうは思わない」が5割以上をしめていて，50歳代で逆転しているの（表Ⅰ-4上）。
ジオ：年齢による意識の違いがはっきりしているね。
グラ：「散骨」にしてほしいかという質問については（表Ⅰ-4下），「そうは思わない」が全体で6割以上をしめていて，日本人にはまだ抵抗があるようね。
　　　この散骨について，ジオはどう思う？
ジオ：僕は，人間というのは地球上の生物の一つと考えていて，他の動植物と同じように，に，地球に生を受けてそして土になって地球に戻るという考えなんだ。だから，僕が死んだら，将来の家族には散骨してほしいと思っているんだ。海の見える小高い山の頂上に，二坪ほどの土地を買って，そこに散骨して桜の木を植えてほしい。そして，桜の季節になったら，僕のお気に入りの地酒を根元に流してほしいと思っているんだ。死んでも花見酒。
グラ：……。

**表Ⅰ-4　散骨**（イミダス編集部，1995）

問●亡くなった人を送る方法として，「散骨」あってもよいと思いますか，思いませんか

|  | あってもよい | そうは思わない | わからない 答えない |
|---|---|---|---|
| 20歳代 | 69% | 27% | 5% |
| 30歳代 | 69 | 23 | 8 |
| 40歳代 | 59 | 35 | 5 |
| 50歳代 | 46 | 49 | 5 |
| 60歳代 | 38 | 57 | 5 |
| 70歳以上 | 30 | 62 | 7 |
| 全　体 | 53 | 42 | 5 |

（前問で「あってもよい」と答えた人だけ）
問●ご自身は，亡くなったら「散骨」にしてほしいと思いますか，思いませんか

|  | そう思う | そうは思わない | わからない 答えない |
|---|---|---|---|
| 20歳代 | 23% | 64% | 13% |
| 30歳代 | 23 | 67 | 10 |
| 40歳代 | 24 | 63 | 13 |
| 50歳代 | 30 | 58 | 12 |
| 60歳代 | 27 | 63 | 10 |
| 70歳以上 | 24 | 73 | 3 |
| 全　体 | 25 | 64 | 11 |

グラ：ところで，三重のK大学では，学生の死生観や散骨，献体，臓器提供についてのアンケート調査をやっていて，これまでに800名を超えるデータがあるのよ。
死生観については，前にもいった①生と死は断絶ではなくて連続するという考え方，②現世よりも来世に重点をおくという考え方，③死後に肉体も霊魂も生まれ変わることはなく人の死で全てが終わるという考え方，から選んでその理由も聞いてるの。また散骨や献体，臓器提供についての意見もアンケートされてるのよ。

ジオ：その結果，死生観（図Ⅰ-44）では，①の生と死は断絶ではなくて連続するという考え方は，男女とも多いね。

グラ：希望としては，先祖は自分を見守っていると思うし自分も子孫を見守りたい。また，魂は生き続けてほしいという意見が多いわね。その一方では，死に対する恐怖や死んで全て無になることに対する恐怖が女性に多いみたい。

ジオ：この点は，男性との違いとしてはっきりと現れているね。

グラ：次に②の現世よりも来世に重点をおくという考え方については，男女とも少なくて，なかには「死んだら浄土に行きたい」という漠然とした回答があるの。

ジオ：来世については，自分自身のなかでもよく考えられていない場合が多いかもしれないね。

グラ：これに対して，③の死後に肉体も霊魂も生まれ変わることはなく，人の死で全てが終わるという考え方は男性に多いわね。

ジオ：そうだね。「死んだら全て無になるんだ」という明確な考えの人が男性には多いと思うよ。

グラ：次に，散骨（図Ⅰ-45）や献体（図Ⅰ-46）については③の人は賛成で，①の人は反対という傾向のようね（図Ⅰ-47）。

ジオ：散骨を希望する人は25％だから，全国平均とほぼ同じだね。

グラ：また，臓器移植（図Ⅰ-48）については，①と③を選んだ人も賛成する場合が多かったようね（図Ⅰ-47）。

ジオ：肉体と魂の死を別と考えている人にとっては，受け入れやすい考え方かもしれないね。

グラ：でも，献体についてはいい事だけど，やはり少し怖いという女性の意見は多いみたいね。また，自分の体にメスをいれるのはとんでもないという意見もあるの。

ジオ：体を提供するのは抵抗があるというのは，正直なところかもしれないね。

グラ：また，散骨は賛成だけど，やはり自分の遺灰は墓に納めてほしいという意見もあるし，なかには半々にしてほしいという人もいるのよ。

ジオ：死生観もさまざまだね。

グラ：アンケートの結果をまとめると，まず，肉体と魂の死をどのようにとらえるかで考えが違っているわね。また，死というものを自分の死ととらえるか，周りも含めた人の死ととらえるかで，死生観が違っているようね。さらに，死後の自分の存在を

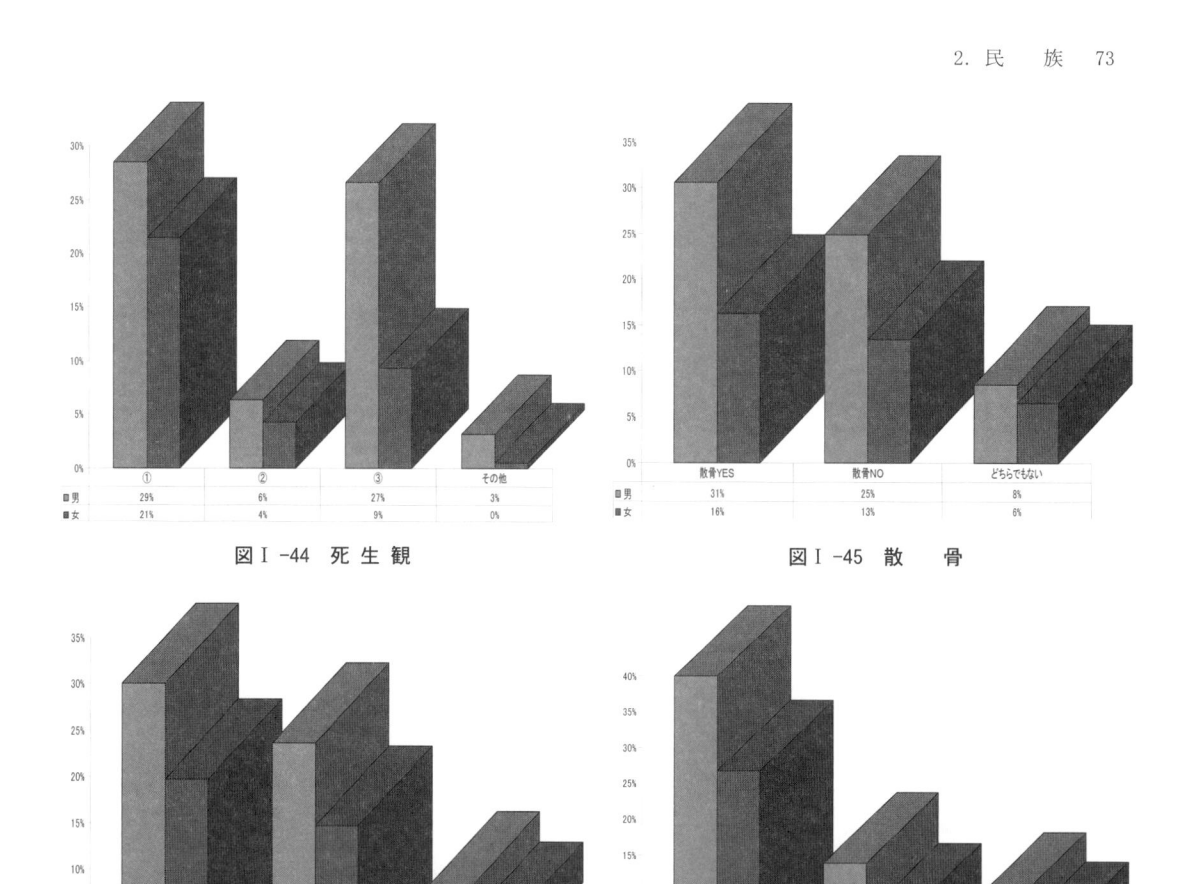

2. 民　族　73

図Ⅰ-44　死生観

| |①|②|③|その他|
|---|---|---|---|---|
|男|29%|6%|27%|3%|
|女|21%|4%|9%|0%|

図Ⅰ-45　散　骨

| |散骨YES|散骨NO|どちらでもない|
|---|---|---|---|
|男|31%|25%|8%|
|女|16%|13%|6%|

図Ⅰ-46　献　体

| |献体YES|献体NO|どちらでもない|
|---|---|---|---|
|男|30%|24%|8%|
|女|20%|15%|4%|

図Ⅰ-48　臓器提供

| |臓器提供YES|臓器提供NO|どちらでもない|
|---|---|---|---|
|男|40%|14%|8%|
|女|27%|7%|4%|

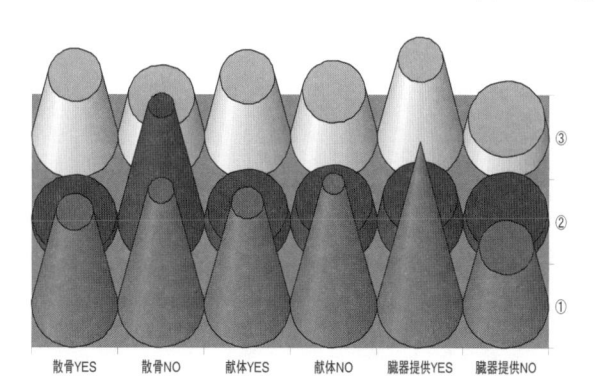

| |散骨 YES|散骨 NO|献体 YES|献体 NO|臓器提供 YES|臓器提供 NO|
|---|---|---|---|---|---|---|
|①|9%|11%|10%|12%|16%|6%|
|②|1%|11%|1%|2%|2%|1%|
|③|6%|4%|6%|4%|7%|2%|

図Ⅰ-47　死生観と散骨・献体・臓器提供との関係

　　　　墓という形で確認したいという思いと，その一方では，自然の一部としてとらえる
　　　　かで違うみたいね。
ジオ：グラフィー，この結果はあくまでも20歳前後の若い人たちの死生観や散骨，献体，
　　　臓器提供に対する考えと理解すべきだよね。
グラ：そうね。40歳，60歳，80歳になったら，また違ったものになるかもしれないね。

# 第Ⅱ部　人　口

## 1. 居住空間

### a．エクメーネの拡大

グラ：ここでは，人口数や人口構成，人口変動の地域的な分布と人口の地域的な移動をみながら，人口現象の違いから各地域の構造を明らかにしたいと思うの。

ジオ：この人口現象の違いというのは？

グラ：地域の自然的条件や社会的，宗教的，経済的，歴史的などの諸条件を反映しているのね。この人口現象には二つの見方があって，一つは静態的なもので，人口の絶対数と年齢別，産業別，職業別，国別などの人口の構成なの。二つめは動態的なもので，出生や死亡，移動などの人口の変動のことよ。

　まず居住空間だけど，今この地球に約74億人(2016年)以上の人びとが住んでいるよね。

ジオ：でも，『自然の旅』でみてきたように，われわれ人間は地球上のどこにでも永住できるわけではないよ。

◆ あなたの住める所，住めない所

図Ⅱ-1　世界の人口マップ(1)
（マイクロソフト 2001）

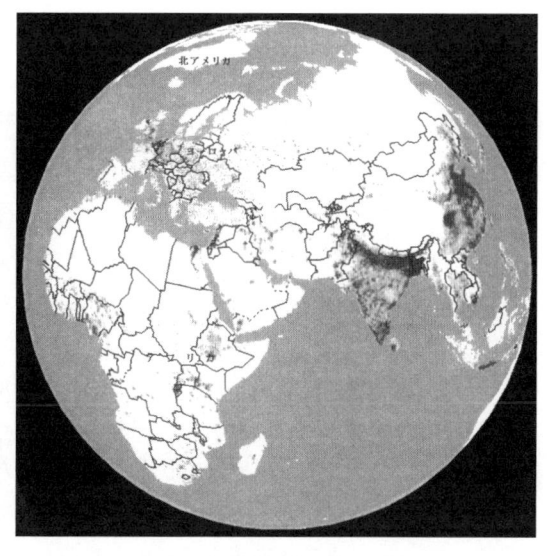

図Ⅱ-2　世界の人口マップ(2)
（マイクロソフト 2001）

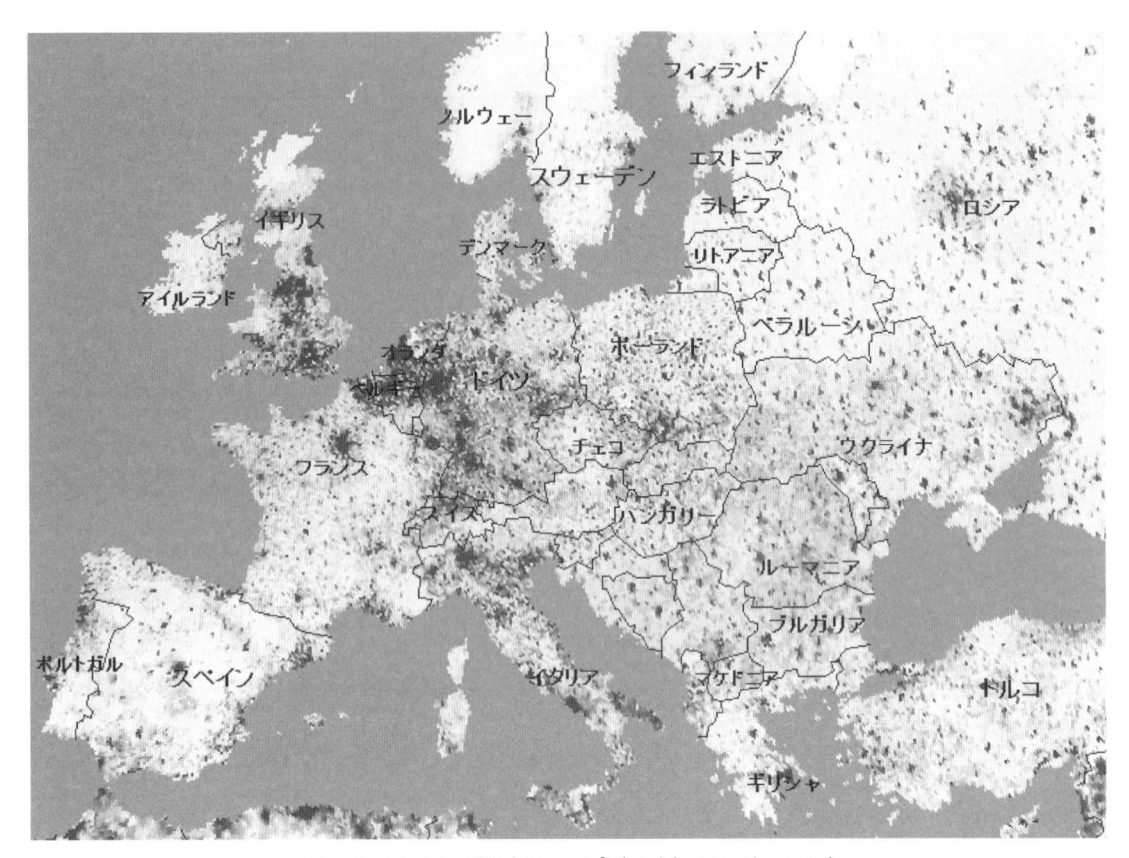

図Ⅱ-3 ヨーロッパの人口マップ（マイクロソフト 2001）

グラ：そうね。これは世界の人口の分布状況をドットで表したものだけど（図Ⅱ-1・2），世界には人口が密に分布している地域と粗の地域があるよね。

ジオ：ヨーロッパでは，人口が霧吹きのように散在しているよ（図Ⅱ-3）。

グラ：地球には人間の居住可能な空間というのがあって，これをエクメーネ（Ökumene）というの。

ジオ：エクメーネ？

グラ：ドイツ語で「居住地域」という意味で，本来はギリシア語の「既知の世界」を意味するOikumeneからきているの。このエクメーネは全陸地の87％で，南極大陸を除くと97％をしめるわね。

ジオ：残り13％が人びとの住めないところ。

グラ：これをアネクメーネ（Anökumene）というのよ。これは「非居住地域」という意味で，人間が永住できないところなの。

ジオ：つまり極地方や砂漠，密林地帯だね。

グラ：さらに，ズブエクメーネといって，一時的あるいは季節的な居住地域があるの。アルプスの移牧で利用されるシャーレという山小屋は，夏だけ利用するのよ。また，北緯68度付近のノルウェー沖にあるロフォーテン諸島（図Ⅱ-4）。ここは出稼ぎ

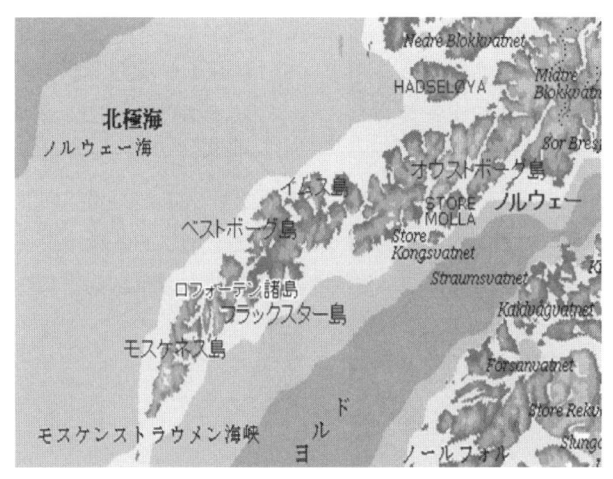

図Ⅱ-4 ロフォーテン諸島
（マイクロソフト 2001）

図Ⅱ-5 舳倉島
（マイクロソフト 2001）

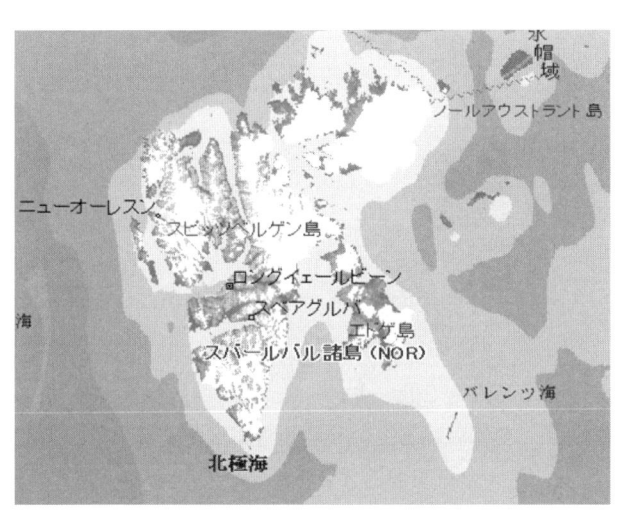

図Ⅱ-6 スピッツベルゲン島
（マイクロソフト 2001）

図Ⅱ-7 チューレ
（マイクロソフト 2001）

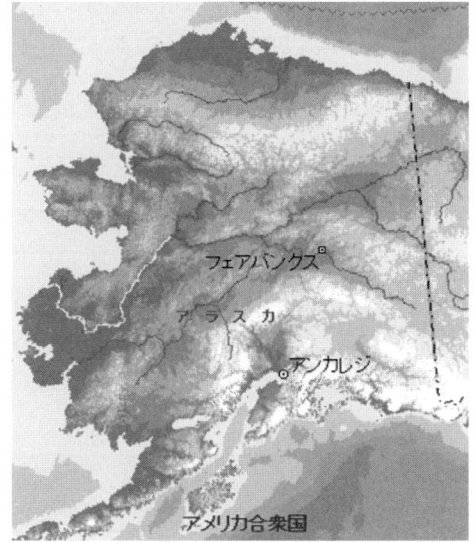

←図Ⅱ-8 フェアバンクス（マイクロソフト 2001）

漁民の居住地で，ここではタラやニシンなどの寒海魚が水揚げされているの。

**グラ**：また，石川の輪島の北に舳倉島があるの（図Ⅱ-5）。ここではイカつりやアワビとりなどの出稼ぎ漁がおこなわれていて，かつては一時的な居住地で，能登半島から「島渡り」があったのよ。最近ではこの島に永住する人が増えていて，人口は150人程度ね。

ジオ：ズブエクメーネではなくなっているんだ。

グラ：また，アネクメーネのなかのエクメーネというのがあって，居住地が島のように点在する地域のことね。たとえば，ノルウェー北方のスバールバル諸島のスピッツベルゲン島（図Ⅱ-6）では石炭が採掘され，デンマーク領のグリーンランド北西部にあるカーナークのチューレ（図Ⅱ-7）は軍事基地。また，アラスカ内陸部の北緯65度のフェアバンクス（図Ⅱ-8）やオーストラリアの南緯31度にあるカルグーリ，クールガーディ（図Ⅰ-14）は金山都市で，鉱山都市や軍事施設がこれにあたるの。

## b．エクメーネの限界

グラ：このエクメーネには三つの限界があって，寒冷限界と乾燥限界，それに高距限界。人間が生きてゆく上で重要な要素というのは，酸素と水と気温でしょ。

ジオ：これらが，限界を超えると人は居住できなくなるね。

グラ：まず寒冷限界は，ユーラシア大陸では北極圏つまり北緯66度33分とほぼ一致するの。

次に乾燥限界は，年降水量約250mmの線と一致して，これは砂漠気候と短草草原地帯のステップ気候との境界にあたるのよ。また，この寒冷限界と乾燥限界は穀物の栽培限界と一致するの。

ジオ：つまり，人間が永住できるための最大の要因は食糧で，これが人間の居住限界なんだね。

グラ：さらに，高距限界は低緯度で高くて高緯度で低いよね。

ジオ：これは『自然の旅』でもみたけど，フンボルトという人が考案した逓減率で，高度が100m増すごとに気温は0.55℃ずつ低下するというものだったよね。

グラ：ヒマラヤ山脈では4600m付近にも集落が点在しているのよ。

ジオ：こうした標高の高い所に人びとが居住できるのは，低緯度に位置するからだね。

グラ：このヒマラヤ山脈は北緯27度〜29度で，日本でいうと沖縄から奄美大島にあたるわね。雲南省の省都の昆明は低緯度地域だけど，標高2000m以上にあって，そこは常春で年中温暖な気候なの。

ジオ：1999年に世界園芸博覧会，通称花博の会場になったよね。

グラ：中南米のアンデス山中には，高山都市が多く分布しているよね（図Ⅱ-9）。エクアドルのキトは赤道直下で2850m，ボリビアのラパスは3690m，コロンビアのボゴタは2630m，またメキシコのメキシコシティは2268mのところに位置しているの。こうした低緯度地域では，むしろ標高の高いところの方が居住環境としての条件はいいのね。

ジオ：インカ帝国のマチュピチュの遺跡が山頂にあるのもそうだね。

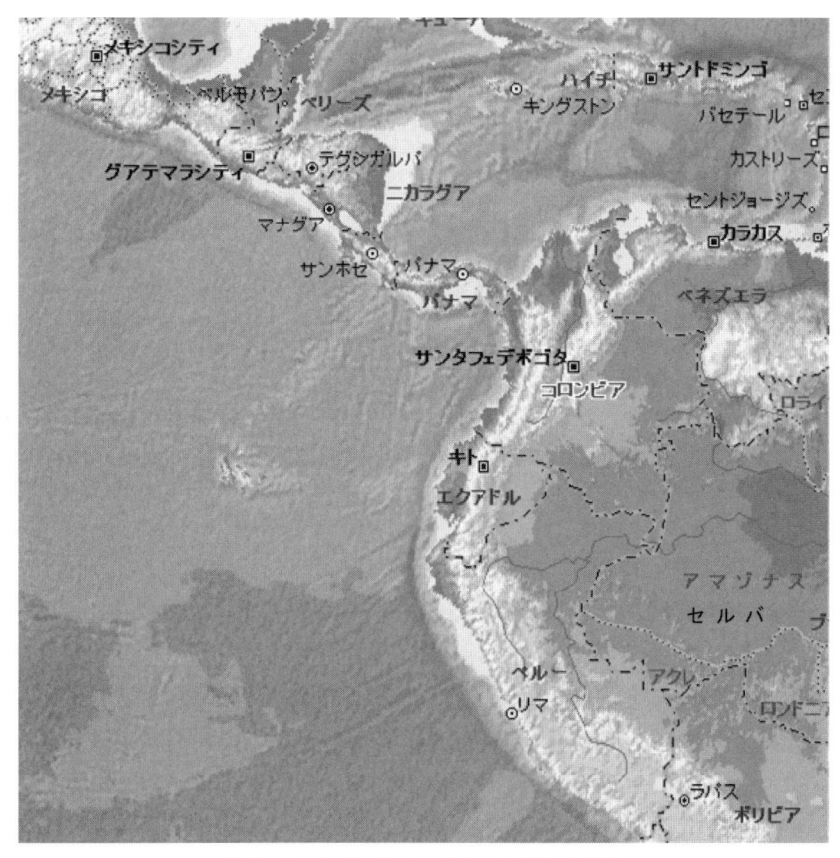

図Ⅱ-9　中南米（マイクロソフト 2001）

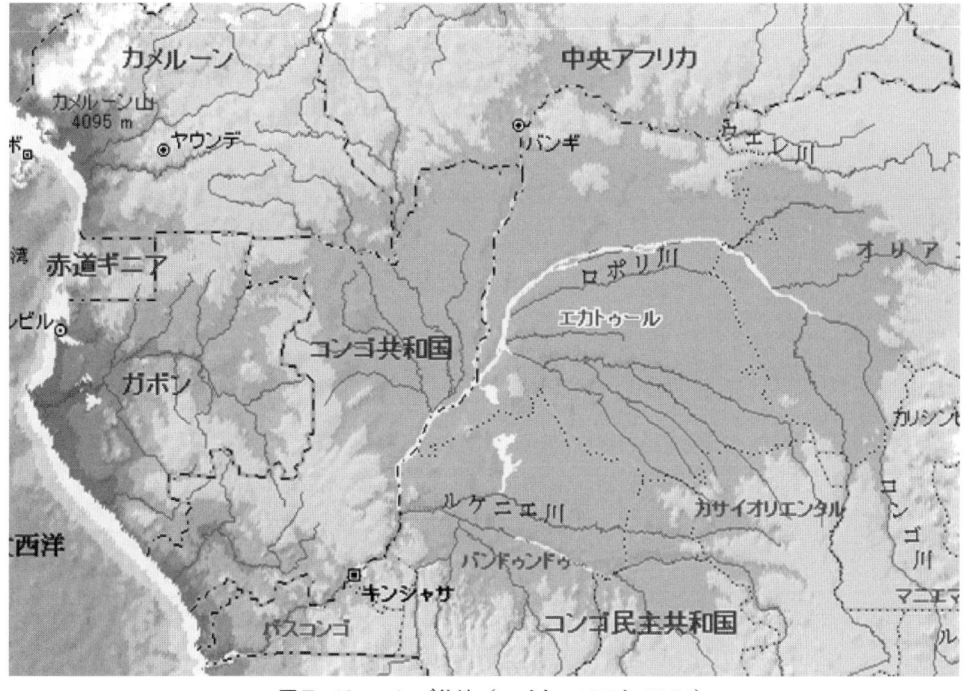

図Ⅱ-10　コンゴ盆地（マイクロソフト 2001）

**グラ**：日本の場合だと，標高 500 m 以下のところに人口の 97％が居住しているのよ。

**ジオ**：そうなんだ。

**グラ**：エクメーネの限界には，寒冷・乾燥・高距の 3 限界のほかに酷暑限界と多湿限界があるの。セルバとよばれるアマゾン川の流域（図Ⅱ-9）やコンゴ盆地（図Ⅱ-10），ニューギニア島の内部などの熱帯雨林地域は人口の空白地域になっているよね。

**ジオ**：暑すぎても湿気が多すぎても，人間は永住できないんだね。

## 2. 人口の分布と増減

### a．世界の人口と人口密度

**グラ**：次に，人口の分布と増減についてみてみるね。
**ジオ**：グラフィー，世界の人口の推移ってわかる？
**グラ**：1650年の世界の人口は約5億5000万人で，人口密度は1 km$^2$あたり4人だったの。その後，産業革命以降に急増して，1830年に約10億人（同7人）。終戦以降に人口が爆発して，1950年に約25億人（同18人）。

48年以降になると，国連人口委員会によって国際的な人口調査がおこなわれるようになって，より正確な世界の人口がわかるようになってきたのよ。その結果，86年には約50億人（同35人）で，94年には約56億6000万人（同42人），そして2016年で74億3300万人（同55人）になっているの。単純に計算しても，

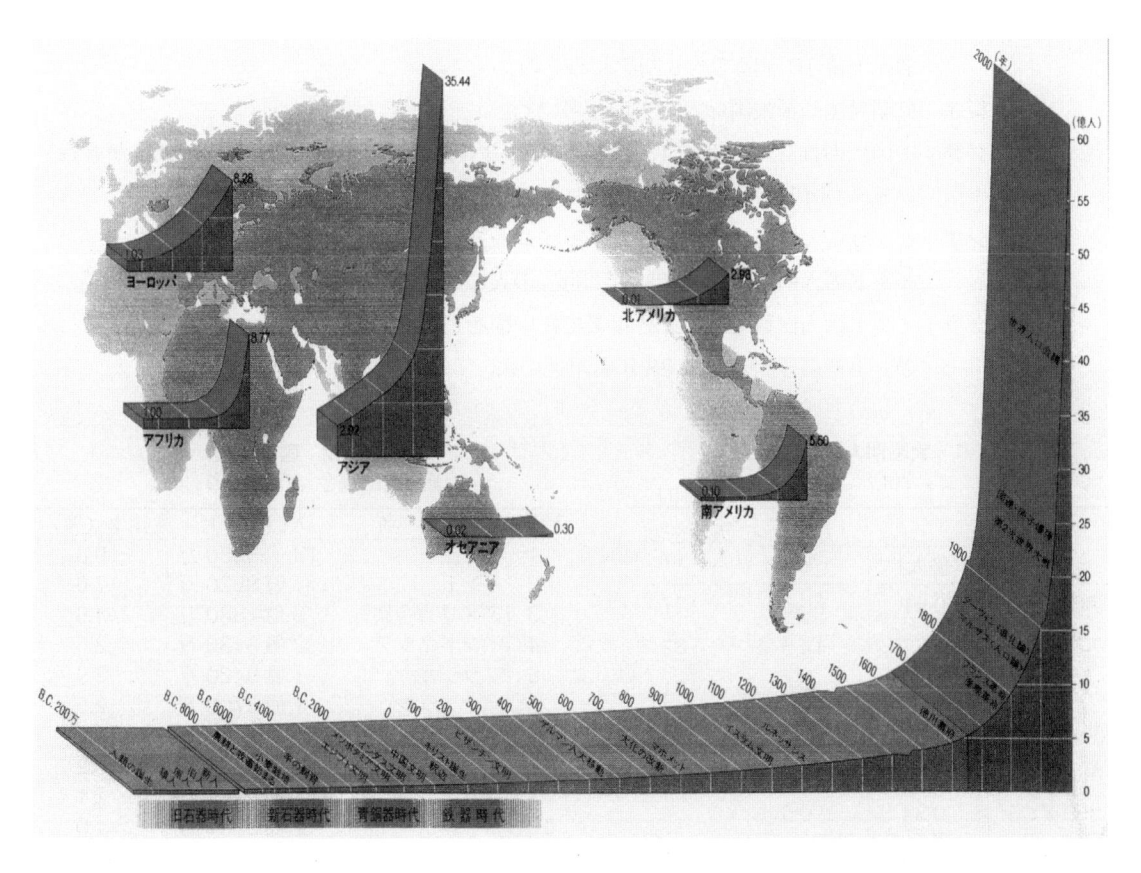

図Ⅱ-11 世界の人口増加の推移と2000年予測（山口・唯是 1985）

　　　　一日に約20万人が増えていることになるのよ。
ジオ：20万人の人口というと……。
グラ：日本では，大阪の岸和田市や三重の鈴鹿市が約20万人ね（2016年）。
ジオ：毎日，岸和田市や鈴鹿市の人が「オギャー」ということになるんだ……。
グラ：これは，人類の誕生から2000年までの人口増加の推移をみたもので，西暦以降は1世紀ごとに示してあるの（図Ⅱ-11）。この20世紀の100年間に約45億人が増加しているのよ。
ジオ：特にアジアの人口増加が顕著だね。

### ◆2秒に5人の赤ちゃん

グラ：大陸別の人口をみると（表Ⅱ-1），アジアが6割をしめて人口密度では1km$^2$あたり127人になるのね。年間の人口増加数はこれまでは9600万人だったけど，1年間に1億3000万人が生まれて6000万人が亡くなっているので，平均して7000万人の増加なの。これは，2秒間に5人の割合で増えていることになるのよ。
ジオ：……。
グラ：国別の人口をみると（表Ⅱ-2），10位までの大半が発展途上国，上位5ヶ国で半分弱，上位10ヶ国で約6割をしめるの。
ジオ：低開発国や新興国などの人口が多いね。
グラ：中国人の推計人口は約13億人だけど，内陸部や山間地の詳細な人口調査が遅れていて，14億人ともいわれているのよ。
ジオ：ということは，5人に1人がチャイニーズ……。
　　　インドの人口も急増していて，世界の人口の18％をしめるんだね。
グラ：インドは人口数では2022年までに中国を追い抜いて，世界1位になるとみられるの。当初の予測よりも28年も早いのよ。

表Ⅱ-1　大陸別人口と人口密度
（二宮　2008より作成）

| 大陸 | 人口（億人） | （％） | 人口密度（人／km$^2$） |
|---|---|---|---|
| アジア | 40.91 | 60.5 | 127 |
| アフリカ | 9.87 | 14.6 | 32 |
| ヨーロッパ | 7.31 | 10.8 | 31 |
| 北アメリカ | 5.33 | 7.9 | 21 |
| 南アメリカ | 3.88 | 5.7 | 21 |
| オセアニア | 0.34 | 0.5 | 4 |
| 世界 | 67.66 | 100 | 49 |

表Ⅱ-2　国別人口
（国連人口基金　2008より作成）

| 順位 | 国名 | 人口（万人） | 比率（％） |
|---|---|---|---|
| 1 | 中国 | 13億3630万 | 19.8 |
| 2 | インド | 11億8620万 | 17.6 |
| 3 | アメリカ合衆国 | 3億880万 | 4.6 |
| 4 | インドネシア | 2億3430万 | 3.5 |
| 5 | ブラジル | 1億9420万 | 2.9 |
| 6 | パキスタン | 1億6700万 | 2.5 |
| 7 | バングラデシュ | 1億6130万 | 2.4 |
| 8 | ナイジェリア | 1億5150万 | 2.2 |
| 9 | ロシア | 1億4180万 | 2.1 |
| 10 | 日本 | 1億2790万 | 1.9 |
| 合計 | | 40億930万 | 59.5 |

これは 2300 年の人口上位国をみたものだけど（表Ⅱ-3），中国はやや減少して，日本は 1 億人で 18 位。逆にエチオピアやコンゴの急増が予測されているわね。

グラ：これは，国別の人口密度で高人口密度国と低人口密度国，また参考までに面積の小さいミニステートをあげてみたものなの（表Ⅱ-4）。

ジオ：高人口密度国では，バングラデシュやインドの他には面積の小さい先進国が

表Ⅱ-3　2300 年の人口トップ 10
（宮崎日日新聞社，2008）

| 順位 | | 国名 | 人口（百万人） |
|---|---|---|---|
| ① | (2) | インド | 1,372 |
| ② | (1) | 中国 | 1,285 |
| ③ | (3) | アメリカ合衆国 | 493 |
| ④ | (7) | パキスタン | 359 |
| ⑤ | (10) | ナイジェリア | 283 |
| ⑥ | (4) | インドネシア | 276 |
| ⑦ | (8) | バングラデシュ | 243 |
| ⑧ | (5) | ブラジル | 223 |
| ⑨ | (18) | エチオピア | 207 |
| ⑩ | (24) | コンゴ民主共和国 | 183 |
| ⑱ | (9) | 日本 | 101 |

カッコ内は 2000 年の順位．

表Ⅱ-4　国別人口密度（人／km²）（二宮，2009 より作成）

| 順位 | 高人口密度国 | 人口密度 | ミニステート | 人口密度 | 面積 (km²) | 低人口密度国 | 人口密度 |
|---|---|---|---|---|---|---|---|
| 1 | バングラデシュ | 1,120.3 | モナコ | 16,830.3 | 1.95 | モンゴル | 1.7 |
| 2 | 韓国 | 486.1 | シンガポール | 6,423.6 | 0.70 | ナミビア | 2.6 |
| 3 | オランダ | 396.0 | バチカン市国 | 1,872.7 | 0.44 | オーストラリア | 2.7 |
| 4 | 日本 | 388.5 | マルタ公国 | 1,291.8 | 0.32 | スリナム | 2.8 |
| 5 | インド | 360.8 | モルディブ共和国 | 1,043.8 | 0.30 | アイスランド | 2.9 |

目立つね。

グラ：一方，低人口密度国は，オーストラリアを除くと人口 300 万人以下や 50 万人以下の国なの。

ジオ：自然環境としても，永住には厳しい国ぐにだね。

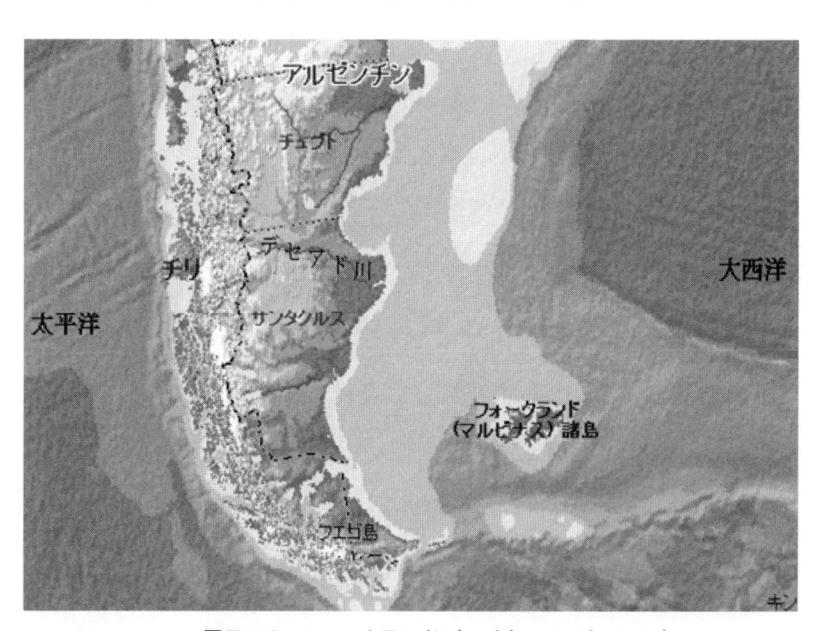

図Ⅱ-12　フォークランド（マイクロソフト 2001）

グラ：ところで，低人口密度地域というのがあって，南米のアルゼンチンの沖にあるフォークランド（図Ⅱ-12）はイギリス領だけど，アルゼンチンが領有を主張して1982年に紛争がおきたの。

ジオ：2002年のサッカーのワールドカップで，イングランドとアルゼンチン戦があって，「因縁の対決」といわれたよね。

グラ：面積12173km$^2$のこのフォークランドの人口はわずか3398人（2016年），つまり人口密度は0.28人なの。インディアンやアフリカのカラハリ砂漠のブッシュマンは200km$^2$に一人。
尾崎放哉の句に「咳をしても一人」というのがあるけど，誰もいない所でする咳も寂しいよね。

ジオ：コホッ。

グラ：……。

グラ：次に，世界の大都市とその周辺を含む都市域の人口をみてみると（表Ⅱ-5），東京とニューヨークを除くと，発展途上国の都市域の人口が1000万人を超えて急増しているよね。今，急激な発展をみせているBRICs，つまりブラジル，ロシア，インド，中国の都市の人口増加が顕著だね。

表Ⅱ-5　世界の都市域人口
（二宮，2007より作成）

| 順位 | 都市域 | 国名 | 人口（万人） |
|---|---|---|---|
| 1 | 東京 | 日本 | 3,568 |
| 2 | ニューヨーク | アメリカ | 1,904 |
| 3 | メキシコシティ | メキシコ | 1,903 |
| 4 | ムンバイ | インド | 1,898 |
| 5 | サンパウロ | ブラジル | 1,895 |
| 6 | デリー | インド | 1,593 |
| 7 | シャンハイ | 中国 | 1,499 |
| 8 | コルカタ | インド | 1,479 |
| 9 | ダッカ | バングラデシュ | 1,349 |
| 10 | ブエノスアイレス | アルゼンチン | 1,280 |

ジオ：特に，インドの各都市域の人口増加が目立つね。

## b．人口推計

グラ：次に，将来の人口の推計をみてみるね。国連人口基金の『世界人口白書』（1992年）では，人口推計の中間値が示されているの。

ジオ：中間値というのは？

グラ：出生率の低下といった今後の人口計画の効果を見込んだ値なの。それによると，世界の人口は2025年には85億人，50年に100億人，最大値では125億人と予測されているのよ。

グラ：これは2005年から50年までの世界の人口増加率をみたもので（図Ⅱ-13），アフリカが114％と突出して，ヨーロッパはマイナス10％と減少しているの。

ジオ：2025年というと，僕らが30歳前だね。

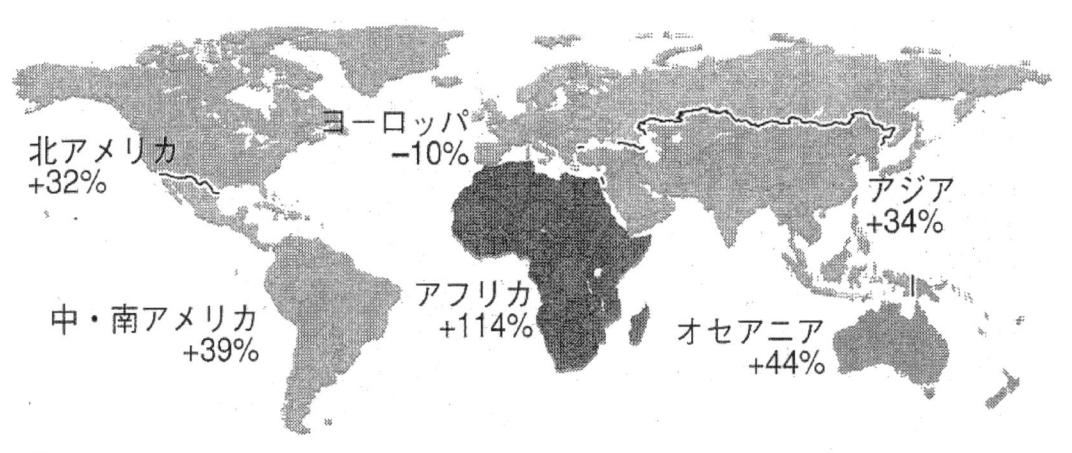

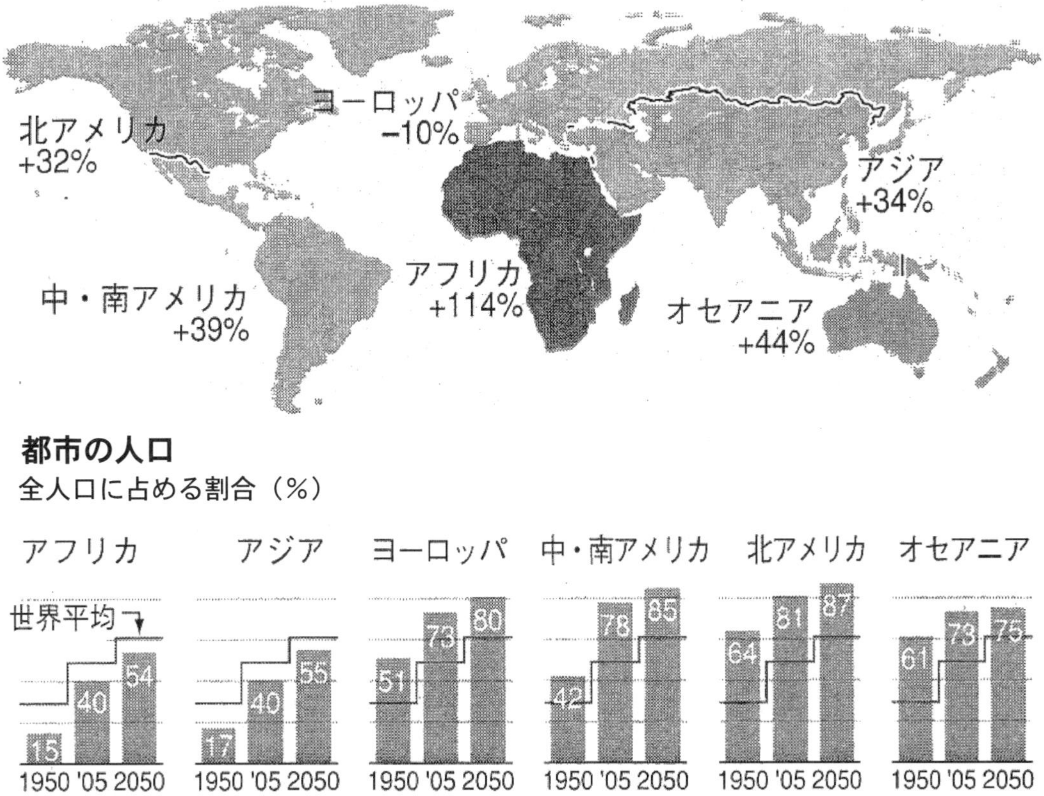

## 2. 人口の分布と増減

北アメリカ +32%
ヨーロッパ -10%
アジア +34%
中・南アメリカ +39%
アフリカ +114%
オセアニア +44%

### 都市の人口
全人口に占める割合（％）

アフリカ：世界平均 15 / 40 / 54（1950 / '05 / 2050）
アジア：17 / 40 / 55
ヨーロッパ：51 / 73 / 80
中・南アメリカ：42 / 78 / 85
北アメリカ：64 / 81 / 87
オセアニア：61 / 73 / 75

図Ⅱ-13　世界の人口増加率（2005～50年）（中日新聞社 2006）

**グラ**：その2025年の状況をそれまでと比較してみると（図Ⅱ-14），総人口は85億人で1970年の2.3倍。特に途上国の人口の増加が著しくて，70年の2.7倍と予測されているの。

また，2025年の都市人口の比率をみると（図Ⅱ-15），先進国1に対して途上国4の割合。

**ジオ**：グラフィー，都市化率って？

**グラ**：2025年の都市に住む人の人口の割合をみると（図Ⅱ-15），先進国が79％に対して発展途上国は57％で，特に先進国で都市に住む人の割合が顕著になるの。

さらに，25年には先進国での高齢化が19％と進んでいるけど（図Ⅱ-16），これから途上国で高齢化が進むと15歳～64歳の労働人口，つまり生産年齢人口に大きな負担がかかってくるわね。

**ジオ**：……。

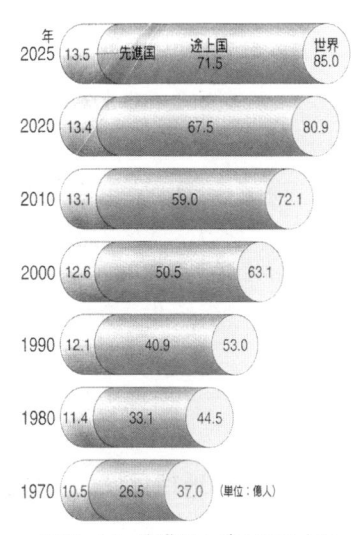

| 年 | 先進国 | 途上国 | 世界 |
|---|---|---|---|
| 2025 | 13.5 | 71.5 | 85.0 |
| 2020 | 13.4 | 67.5 | 80.9 |
| 2010 | 13.1 | 59.0 | 72.1 |
| 2000 | 12.6 | 50.5 | 63.1 |
| 1990 | 12.1 | 40.9 | 53.0 |
| 1980 | 11.4 | 33.1 | 44.5 |
| 1970 | 10.5 | 26.5 | 37.0 |

（単位：億人）

図Ⅱ-14　先進国と途上国の人口
（梅棹・前島監 1992）

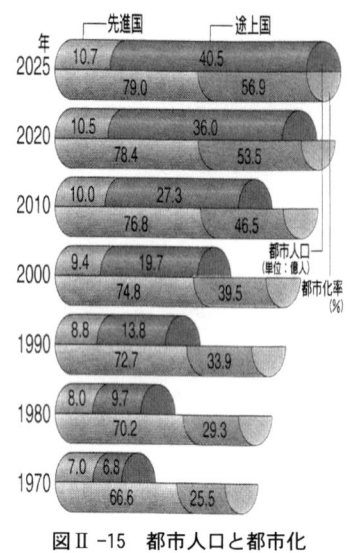

図Ⅱ-15　都市人口と都市化
（梅棹・前島監 1992）

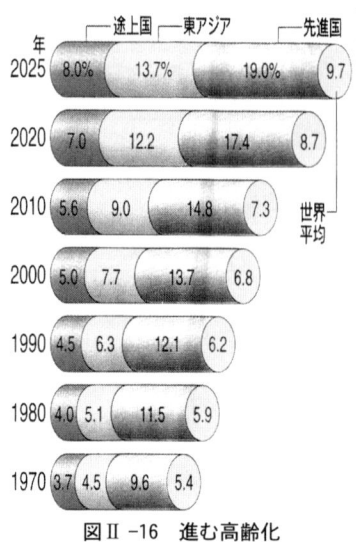

図Ⅱ-16　進む高齢化
（65歳以上の割合．単位％）
（梅棹・前島監 1992）

## c．人口論

**グラ**：次に，地球人口の予測とその対策についての諸説を紹介するね。マルサスという人は，18世紀末の1798年に著した『人口論』で，人口は等比級数的に増加するけど，食糧は等差級数的にしか増加しないと述べているの。

**ジオ**：えっ？

**グラ**：等比級数はたとえば1・2・4・8・16というように倍増して，等差級数は1・2・3・4・5のように漸増するというものなの。だから，将来人口が過剰になって貧困や飢え，戦争を招くために，人口増加の抑制が必要なんだと説いているの。

**ジオ**：これまでの人口と食糧とのバランスは？

**グラ**：人口増加と食糧生産のバランスはとれていたの。ところが，最近アフリカでは人口の急増とそれにともなう食糧難が発生しているのよ。

**ジオ**：マルサスの予言が一部の地域では現実のものとなっているんだ。

**グラ**：また，マルクスは食糧不足が一方では相対的な人口の過剰を招いて，貧困と悪徳が生じるといっているの。これは資本主義社会の必然的な所産であって，社会改革や政策でこれを克服すべきであると。そのためには，禁欲と晩婚による道徳的抑制が不可欠と主張したの。その後，新マルサス主義派は産児制限を唱えているのね。

◆ 地球には何人住めるの？

**ジオ**：じゃぁ，この地球にはいったいどれだけの人が住めるの？

グラ：可容人口といって，これは人口支持力ともいうけど，ある一定の地域ここでは地球で養い得る，収容し得る最大限の人口のことなの。これをテーラーは33億5000万人といっている。今約68億人だから，彼の推定人口をはるかに超えているよね。また，フィッシャーは62億7000万人で，ペンクは76億9000万人としているの。

ジオ：これだけの人びとが地球上に住めば，食糧を生産する場がなくなるよね。

グラ：アメリカのワールドウォッチ研究所の試算によると，世界の人口は80億人が上限だというの。

ジオ：ということは，このままゆけば2020年代でわれわれは食べてゆけなくなる……。

## d．人口増加と環境破壊

グラ：次に，人口の増加と環境破壊についてみてみると，ジオも知っているように，今人口の増加が地球環境の悪化を招いているよね。今後10年間の世界の人口は，年平均7000万人ずつ増加するとされているの。

ジオ：しかも開発途上国に集中するよね。

グラ：アジアのなかでも特に中国とインド，そしてアフリカとラテンアメリカで世界の人口増加の97％をしめるのよ。この人口の増加によって貧困が生じて，未就学児童や栄養不良者の増大が懸念されているし，栄養不足人口は2018年に8億2000万人に達しているの。

ジオ：……。

グラ：その結果，人口の移動が生じて，国内的には都市部での人口が増加しているの。そのため，都市部の生活環境の荒廃が進んで一部ではスラム化しているし，国際間では経済難民が増加しているよね。

グラ：これは1990年末の世界の難民をみたものなの（図Ⅱ-17）。パレスチナやアフガニスタン，パキスタン，エチオピア，モザンビークなどの難民発生国や地域があって，これらの難民を受け入れている周辺の国ぐにがあるのよ。

ジオ：西アジアやアフリカから100万人以上の人びとが，周辺地域に移動しているんだね。

グラ：そしてその難民の数は，1979年の569万人から2020年の8240万人に増加していて，この40年間で約7700万人増えているのよ。

グラ：外国人の日本への流入の状況をみると，これは1982年〜90年にかけての合法就労者，研修生，就学者の推移なの（図Ⅱ-18）。82年〜86年の中曽根内閣の時に10万人の留学生の受け入れを推進したの。

ジオ：ところが，その弊害が今殺人事件や傷害事件をはじめとして，さまざまな社会問題となっているよね。

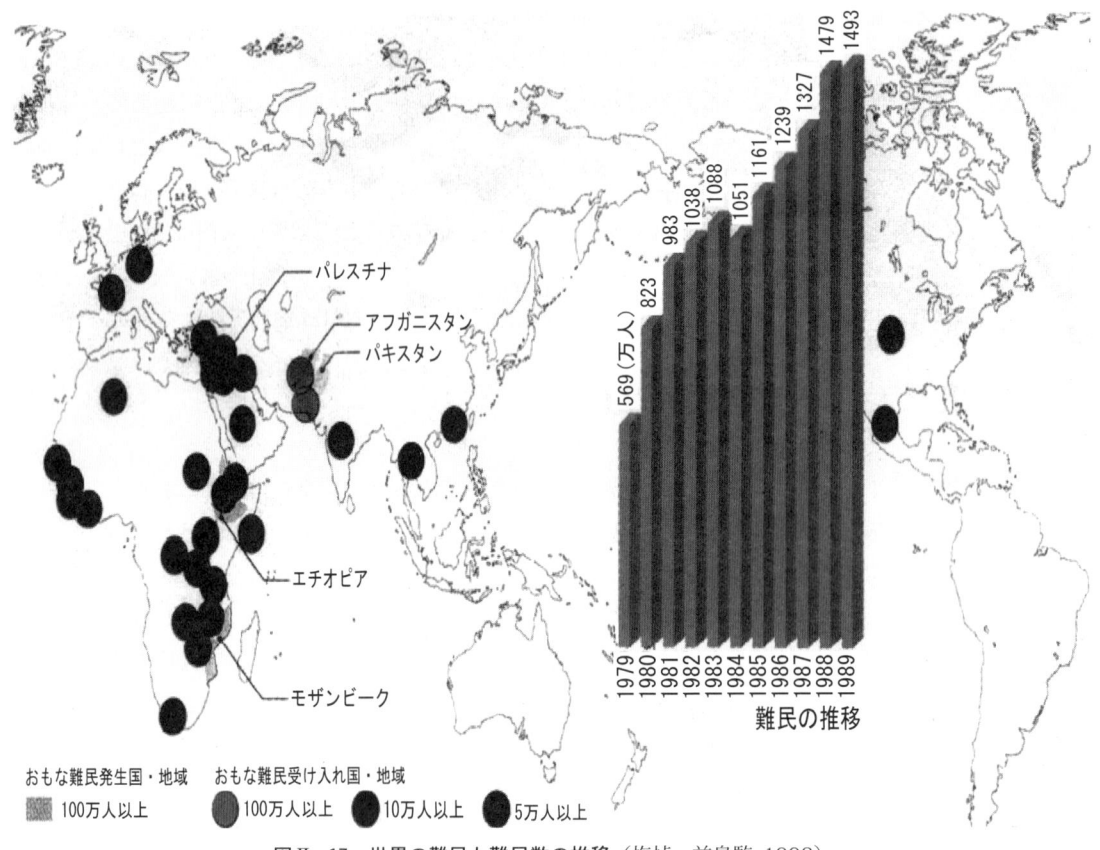

図Ⅱ-17 世界の難民と難民数の推移（梅棹・前島監 1992）

**グラ**：これは不法就労の外国人の数とその分布で（図Ⅱ-19），1990年には3万人弱が日本への入国を拒否されたの。

**ジオ**：韓国やマレーシアをはじめアジア各地からの不法入国が多いね。

**グラ**：さらに，21世紀には「環境難民」とよばれる人たちが増加しているわね。

**ジオ**：燃料確保のために森林を伐採することによって，土地が荒廃しているよね。つまり砂漠化や土壌侵食が拡大しているし，それとともに地下水が枯渇して水不足が生じているんだ。こうして，生活の場を失った人びとが環境難民となるんだね。

**グラ**：開発途上国の森林破壊の8割は，人口の増加によって引き起こされたといわれているわね。

**ジオ**：『環境と人の旅』でもみたように，古代文明の衰退の原因と同じだね。21世紀の文明も古代文明と同じ運命をたどろうとしている……。

**グラ**：また，化石燃料の燃焼によって二酸化炭素の排出量が増大して環境が悪化するわね。さらに，オゾン層の破壊などの人為的な要因によって，地球温暖化が促進されて，海水準が上昇するよね。その結果，エジプトのナイルデルタでは16％の地域が水没したり，バングラデシュのガンジス川下流域では10％の水没が予測されて

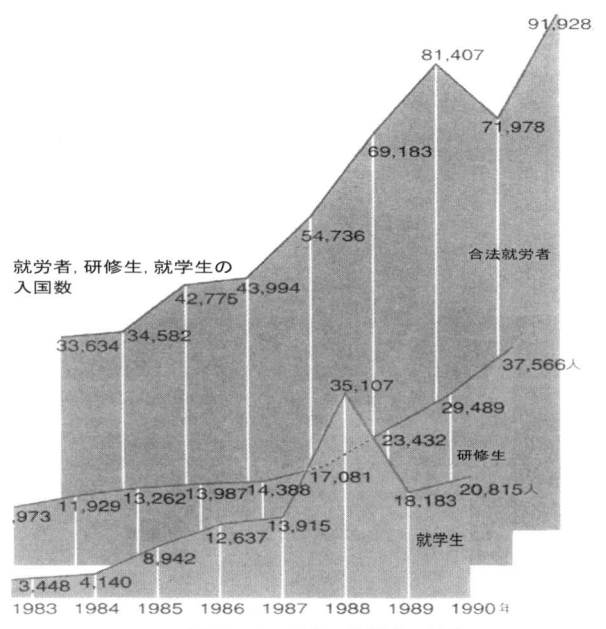

図Ⅱ-18 日本へ外国人の流入
（梅棹・前島監 1992）

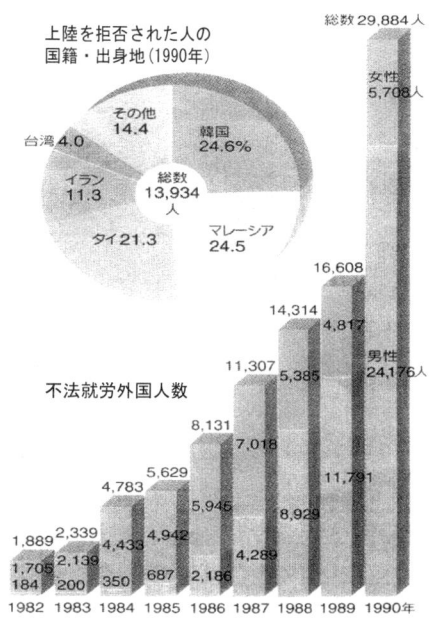

図Ⅱ-19 不法就労の外国人数と分布
（梅棹・前島監 1992）

　　　いるわね。太平洋の珊瑚礁の島々では島ごと水没して，将来「諸島」がなくなるといわれているよね。
- **ジオ**：海水面が1m上昇するとどうなるかをシュミレートすると，将来，日本では関東・濃尾・大阪平野の0m地帯の水没が予測されているよね。
- **グラ**：また，世界の人口が増えると，食糧確保のために土地が農業用地化されるよね。そのために森林や湿地，草原，野生生物が減少して生態系が破壊されるの。
- **ジオ**：悲観的な見方をすれば，地球は確実に破滅にむかっている……。

## e．人口政策

- **グラ**：こうした環境変化に対する今後の人口対策として，二つの政策が考えられているの。まず，今後10年間の人口抑制策が将来を決定的に左右するといわれているのよ。
- **ジオ**：だから，バランスのとれた人口政策が必要となってくるんだね。
- **グラ**：国連では，人口プログラムが計画されていて，これは18歳未満と35歳以上の出産を抑制して，2年以上の出産間隔をおくというものなの。先進国ではほぼこれをクリアしているけど，発展途上国では18歳未満の出産が多いよね。
- **ジオ**：でも，こんななまぬるい政策ではダメだね。
- **グラ**：中国の人口抑制策としては，1979年に始まる改革開放政策とともに実施された一人っ子政策があげられるわね。そしてその結果，人口増加は21世紀中には終息すると，中国は予測しているの。

ジオ：でも，現実には二人以上の子供のいる家庭は，農村部を中心に多いよね。

グラ：中国で少子化が進むと，一方では高齢化社会を迎えることになるため，最近では北京などで緩和策がとられているのよ。

### ◆ 結婚しない女，結婚できない男

グラ：また，これからの人口問題で特徴的なのは，男女間の比率のアンバランスなの。中国では，一人っ子政策のために男の児が多いのね。日本では，結婚しない女性が多くなって，結婚できない男性が増えているの。40歳以上の未婚率は約20％なのよ（2009年）。

ジオ：……。

グラ：また，インドでは人口抑制策をとったのは中国よりも早かったけど，さまざまな要因によって政策は進んでいないの。

ジオ：どうして？

グラ：たとえば，インド政府の家族計画の実施がなまぬるいの。インド（図Ⅱ-20）は合衆国制度つまり州制度をとっているために，22の州が連邦を構成して地方分権が進んでいて，人口抑制策が地域に浸透していないの。また，依然としてカーストと

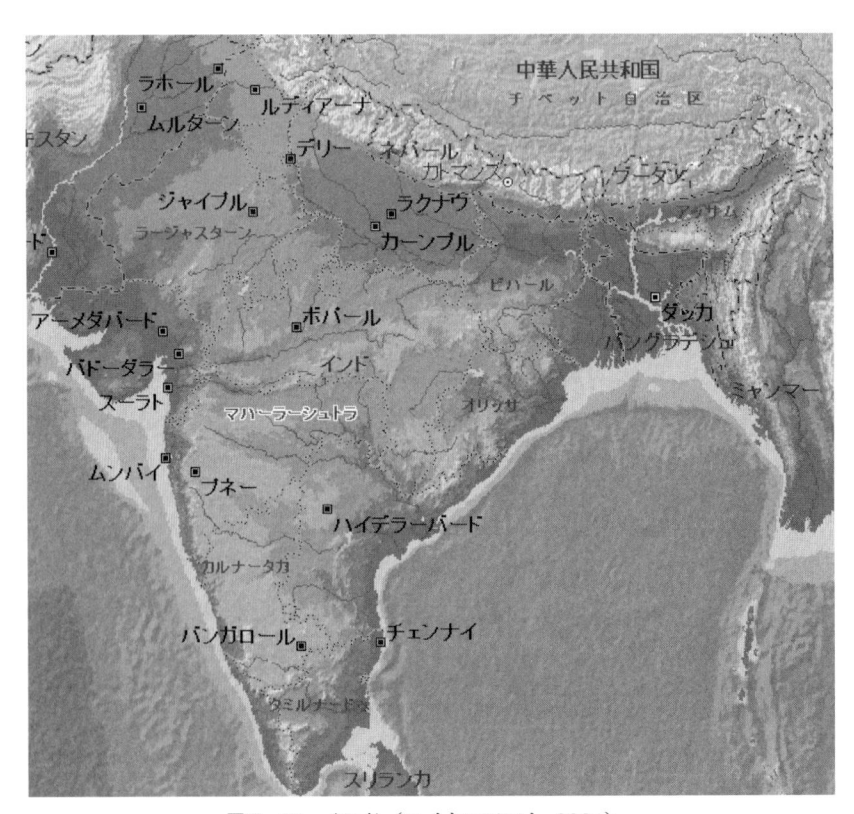

図Ⅱ-20 インド（マイクロソフト 2001）

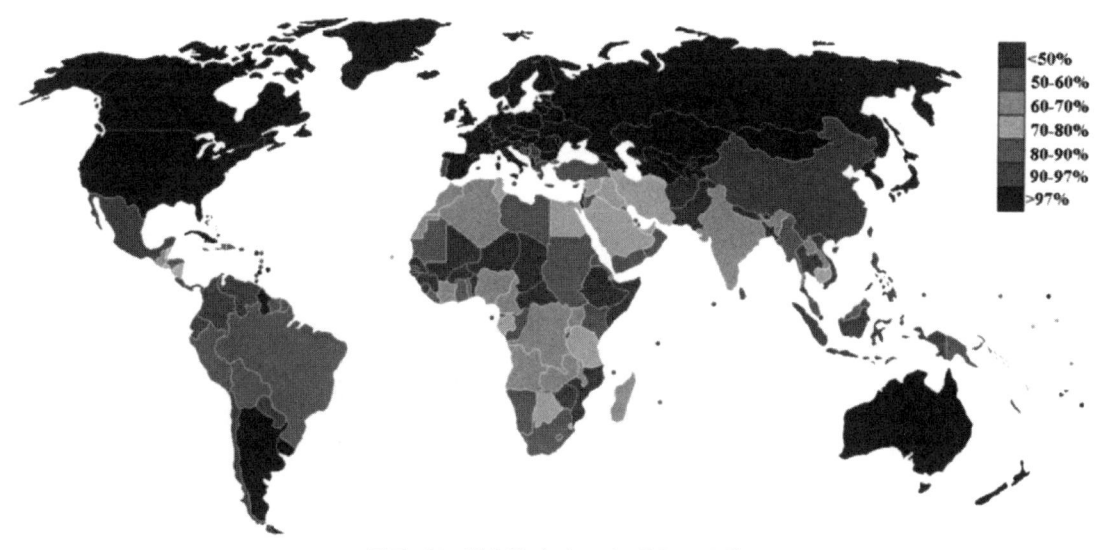

図Ⅱ-21　識字率（wikipedia H.P. 2009）

　　　よばれる身分制度が残存しているからなの。
　　　さらに，インドでは識字率の問題があるのよ。
**ジオ**：識字率の問題？
**グラ**：これは読み書きができる人口の割合で，成人の識字率は2001年で61％，2018年で74.4％と低いの。たとえば，日刊新聞の発行部数をみてみると，日本は世界でトップで1000人当たり407部，でもインドではわずか144部なの（2020年）。
**ジオ**：世界の識字率の分布をみてみると（図Ⅱ-21），インドだけではなくて50％未満の地域がアフリカのサハラ地域やアフガニスタン，パキスタンに集中しているね。
**グラ**：インドでは教育水準が低いために国家政策が浸透していなくて，依然として高い人口増加率となっているの。こうした状況から，インドは21世紀半ばまでには世界最大の人口国になると予測されているのよ。また，避妊手術に対する奨励金の給付が徹底されないと，人口増加に歯止めがきかなくなるよね。
**ジオ**：インドの今後の政策課題として，識字率や教育水準の上昇などがあげられるね。
**グラ**：これに対して，モンゴルは「産めよ増やせよ」の国家政策をとっていて，早婚多産を奨励しているのよ。モンゴルに限らず，発展途上国の多くは「数は力なり」という思想が依然としてあるし，その一方では，キリスト教のように避妊をすること自体に反対という考えもあるの。
**ジオ**：「人間は神からのさずかりもの」という教えだね。
**グラ**：そういった宗教的背景もあって，世界の人口プログラムはうまくいっていないというのが現状なの。

**グラ**：人口政策として，その次に重要なのは地球資源への対策ね。現在の世界の人口と現時点での地球資源の消費量との観点から，この人口問題をみてゆく必要があるの。

これまでに確認された地球の資源の可採埋蔵量と年生産量で計算すると，可採年数，つまりその寿命は，2005年末時点で，石炭で205年，ウランで88年，天然ガスで61年，石油で37年といわれているの。石油の未発見の資源量を加えた「枯渇年数」をみても68年なのよ。

ジオ：……。

グラ：もちろんウランのようにリサイクルされるものもあるけど，現在確認されている埋蔵量からしても，2100年には地球に残された資源はほとんどないということになるのよ。

ジオ：このままでいくと，地球の地下資源は21世紀にもたなくなる……。

グラ：人口が増えて，その一方で食糧や地下資源がなくなって，資源難の時代を迎えようとしているのね。このことを世界中が理解して対策を講じなければならない，そういう時期にきているわね。

ジオ：戦争なんかやっている場合ではないね。

グラ：人類の英知と努力で，この困難を乗り越えなければならないの。

# 3．人口移動

## a．永久的移動

**グラ**：次に人口の移動についてみてみるね。人口の移動には，永久的移動と季節的移動があって，永久的移動には国際的移動と国内的移動があるの。さらに，国際的移動には経済的理由と政治・宗教的理由による移動があるのよ。

**ジオ**：複雑だなぁ。

**グラ**：まず経済的理由による移動をみると，17世紀にフランスから新天地を求めて，カナダのケベック州のモントリオールへの移動があって（図Ｉ-17），このケベック州の人口の約7割がフランス系カナダ人やフランス人なの。当時の名ごりとして，ニューファンドランド島の南のミクロン島やサンピエール島，ここは漁業基地だけど，フランス領なのよ。

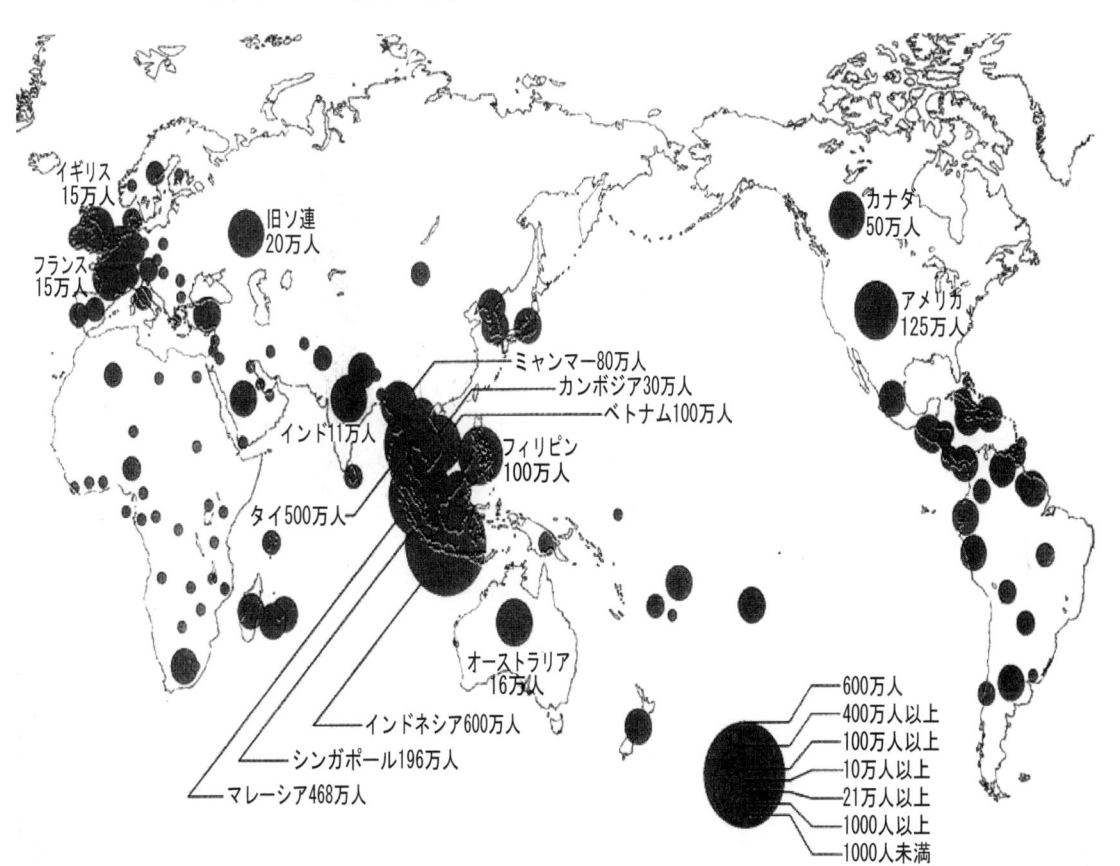

図Ⅱ-22 世界に広がる中国人（梅棹・前島監 1992）

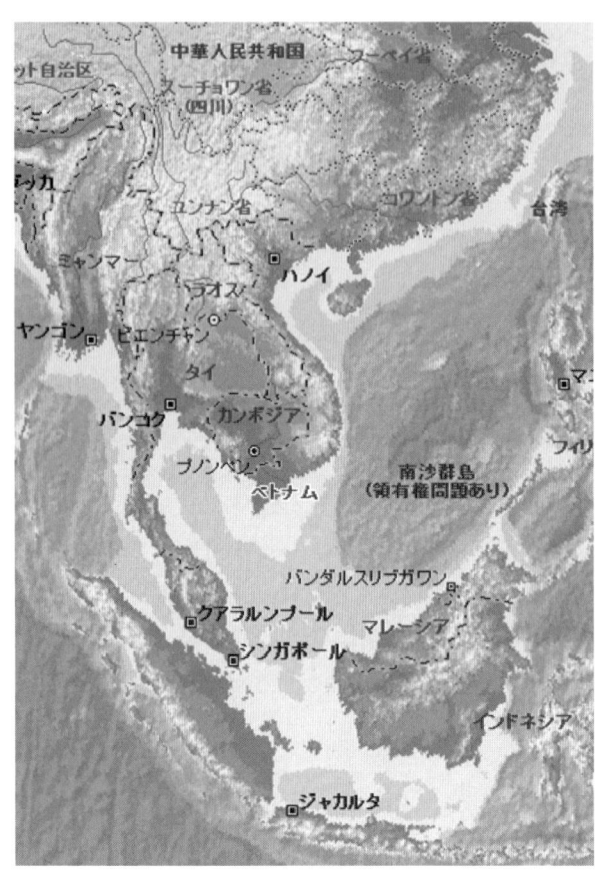

図Ⅱ-23　東南アジア（マイクロソフト　2001）

グラ：次に，中国人の世界各地の分布状況をみると，東南アジアをはじめとして世界各地に広がっている様子がうかがえるわね（図Ⅱ-22）。中国人が華南の福建省や広東省から，1970年代末以降に東南アジア諸国（図Ⅱ-23），特にシンガポールとマレーシアに移住したの。

ジオ：華僑とよばれる人たちのこと？

グラ：そう。東南アジアの経済的実権を掌握していて，1世で200万人，2世以下になると6000万人いるといわれているのよ。

ジオ：なぜ中国の人たちは移動したの？

グラ：華南地域は，ジオも知っているように，リアスの海岸つまり沈水海岸で平野が少ないよね（図Ⅱ-23）。一方では，この地域の人口の急増によって農耕地が不足したために，経済難民として東南アジア諸国に移動したことがきっかけなの。

グラ：次に，政治的理由や信仰の自由を求めるといった宗教的理由による移動もあるのよ。スーダンニグロの人たちがアメリカ合衆国南部のコットンベルトとよばれる地域での綿花の栽培やカリブ海沿岸諸国のサトウキビの収穫のために，強制移住させられた奴隷貿易などがそうなの（図Ⅱ-24）。

ジオ：奴隷貿易？

グラ：以前，ギニア湾岸地域では貿易品目で海岸がよばれていたことがあるのよ。トーゴからベナン，ナイジェリアを奴隷海岸といっていたの（図Ⅱ-25）。

ジオ：えっ？奴隷の人が品物扱いされたの？

グラ：そう。その他には，ガーナは黄金海岸，リベリアは穀物海岸，シエラレオネは胡椒海岸，コートジボアールは象牙海岸（アイボリーコースト）といってたのね。また，イギリスの囚人は1780年代以降にオーストラリアやタスマニア島に強制移住させられたのよ。

ジオ：こうした地域が流刑植民地となっていたんだ。

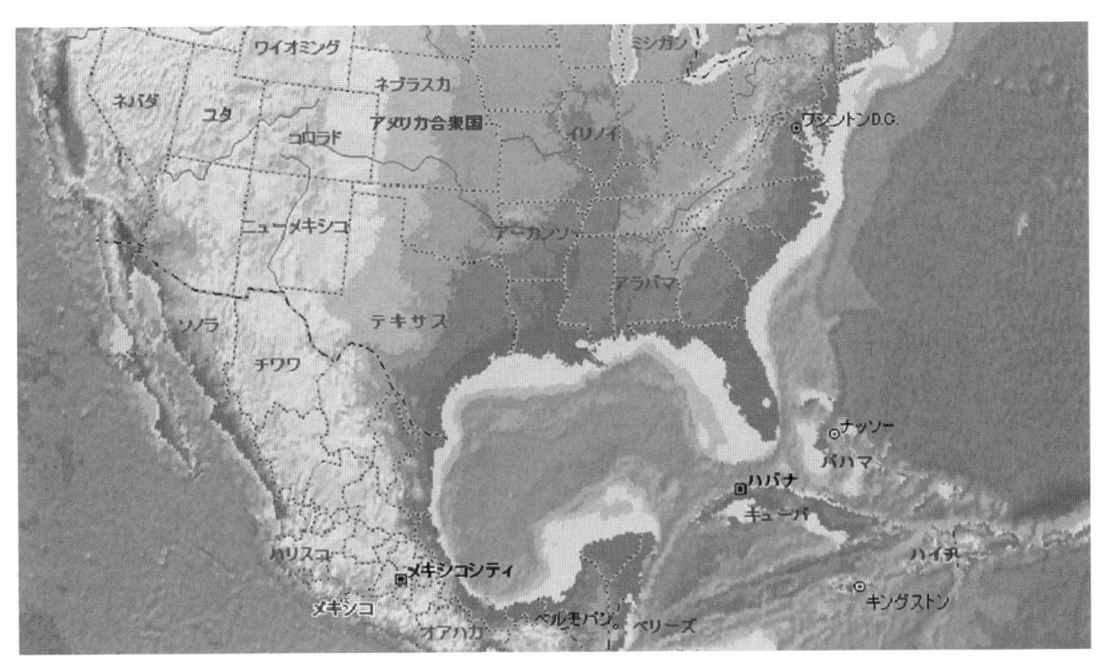

図Ⅱ-24　アメリカ中南部（マイクロソフト 2001）

図Ⅱ-25　上ギニア地方（二宮書店編集部 1992）

**グラ**：さらに，世界各地に散らばっていたユダヤ人が，シオニズムとよばれる祖国復帰運動によって，イスラエルを建国したのは宗教的理由による移動ね。民族問題のところでもいったけど，シオニズムはシオンとよばれる丘の名前からきていて，エルサレムの象徴なの。エルサレムを中心としたパレスチナにユダヤ人の国家をつくろうという運動なのね。

図Ⅱ-26 宮崎南部（二宮書店編集部 2009）

グラ：次に，国内的移動として，アメリカ合衆国の東部からミシシッピ川河口のルイジアナ州，さらにはロッキー山脈を越えてカリフォルニア州などに移動した，いわゆる西漸運動があるの（図Ⅱ-24）。

ジオ：フロンティアだね。

グラ：日本では，1874年（明治7年）以降に東北や北陸の農民が北海道に移り住んだの。これが北方の防衛と開拓移民としての屯田兵で，その2年後の76年に札幌農学校が開校したのよ。

ジオ：これも北海道開拓の一連の事業だったの？

グラ：そう。また，1960年代になると，日本は高度経済成長期となって向都離村から挙家離村，つまり家を挙げて村を離れる現象がおきたの。ところが，80年代以降になると，就学とか就職で都会に出てきた人たちのUターン現象や，郷里には戻らなくても県庁所在地に帰るJターン現象がみられるようになるのね。日本のこうした国内的移動のなかでも，最近では新しい現象が起きてるのよ。

ジオ：どんな？

グラ：雪国で生活していた人たちが，退職後に南国や太平洋沿岸のリゾート地に家を建てて余生を送るというパターンなの。たとえば，宮崎は以前は新婚旅行のメッカだったよね（図Ⅱ-26）。

ジオ：僕らのおじいさんやおばあさんの時代ね。

グラ：暖かい宮崎で老後を過ごしたいというのが，定年をむかえた人たちの希望なの。総合保養地域整備法の「宮崎・日南海岸リゾート構想」の中核施設として建設されたシーガイアだけど，この周りの環境が一変して，砂堆の背後に住宅地が広がっているのよ。また，日南海岸沿いにも新しい住宅地ができてる。

ジオ：土地が安いから，退職金で立派な家が建つんだ。

グラ：また，三重の志摩半島から和歌山の勝浦や白浜にかけての地域が，将来リゾート地として発展するといわれてきて，2015年までに伊勢湾口大橋の建設が予定されていたの（図Ⅱ-27）。これは，伊良湖岬から神島，答志島，鳥羽を結ぶもので，完成すると東京と伊勢・志摩を車で4・5時間で結ぶというものだったの。

ジオ：「予定されていた」というと……。

グラ：経費の面で難しそうなの。

図Ⅱ-27　伊勢湾口大橋完成予想図（三重県政策部交通政策室 H.P. 2009）

**重点整備地区**

- 伊勢・二見
- 鳥羽
- 南鳥羽・磯部
- 奥志摩
- 南勢
- 紀伊長島・海山
- 尾鷲
- 熊野・御浜

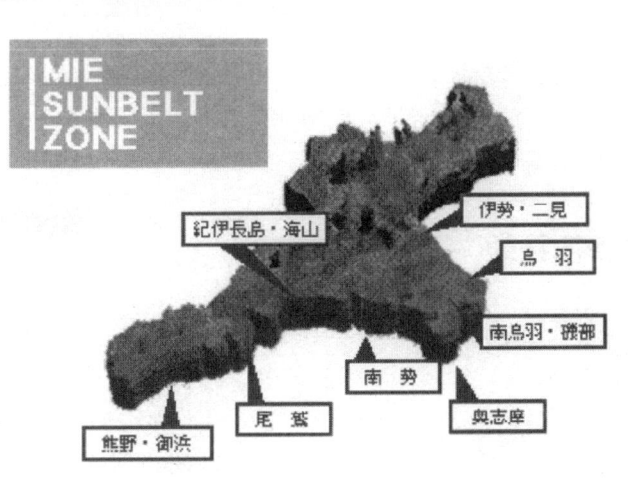

図Ⅱ-28　三重サンベルトゾーン（三重県 H.P. 2005）

ジオ：……。

グラ：ここでは，三重・東紀州サンベルトゾーンによるリゾート地化も計画されてきて（図Ⅱ-28），滞在・周遊型のリゾートだったの。なお，これは永久的移動ではなくて

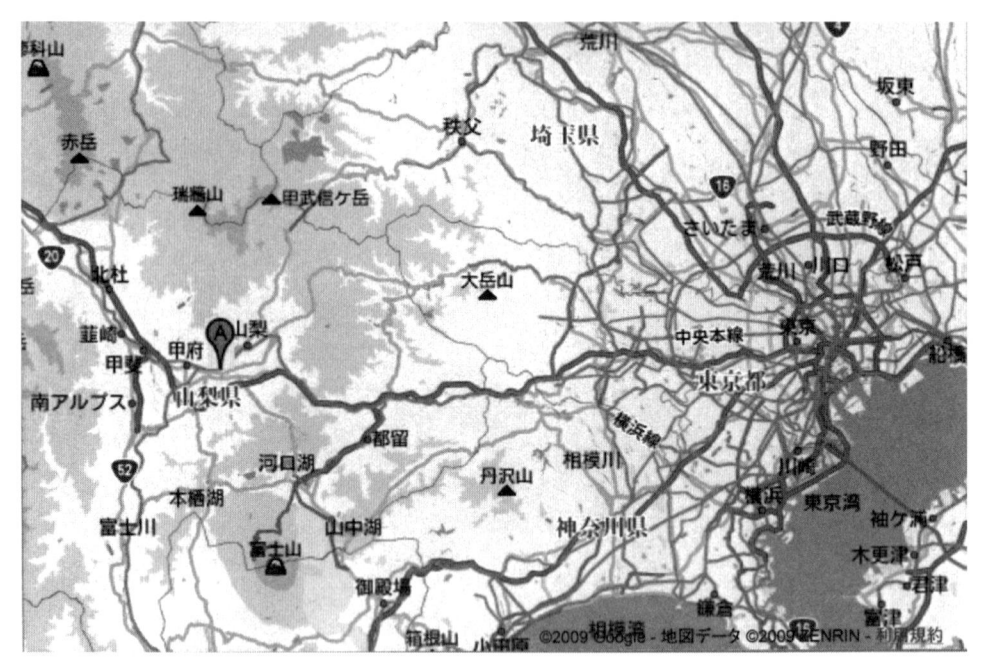

図Ⅱ-29　甲府盆地と都心（Google 2009）

一時的な移動になるけど，将来はこのサンベルトゾーンで週末を過ごす人びとが増えて，金曜の晩にやって来て月曜の朝に戻るというライフスタイルもみられると考えられていたのよ。
ジオ：それで，この計画も？
グラ：そうなの……。
こうしたライフスタイルは，すでに甲府盆地の石和温泉でみられて（図Ⅱ-29），新宿まで1時間半の通勤時間を利用して，温泉つきマンションで週末を過ごす人びとが増えているの。

## b．季節的移動

グラ：また，永久的な移動に対して季節的な移動があって，これにも国際的・国内的な移動があるの。
コムギは世界中で年中作られていて（図Ⅱ-30），北半球では低緯度のインドから高緯度のイギリスになるにしたがって，収穫時期が春から秋に移動しているよね。これに対して，南半球のオーストラリアやチリ，アルゼンチンなどでは12月～1月がコムギの収穫期にあたるの。

◆ ツバメと早乙女

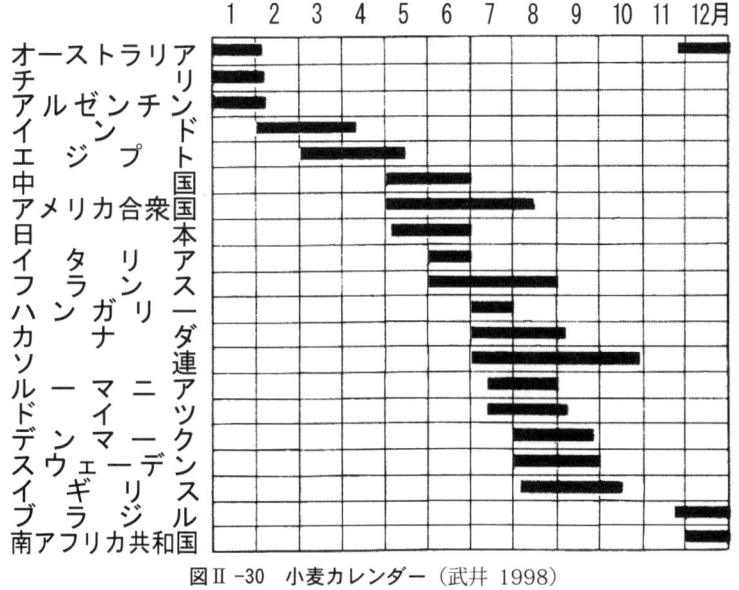

図Ⅱ-30 小麦カレンダー（武井 1998）

**グラ**：イタリアやスペインの南欧の人びとが，12月〜1月にかけてアルゼンチンに小麦の収穫のために移動しているの。これはゴロンドリナ（Gorondolina）といって，イタリア語でツバメを意味するのよ。

**ジオ**：ツバメ？

**グラ**：ツバメは初夏にやってきて秋に戻ることから，こういわれるようになったの。
また，フランスのブルゴーニュ地方やラングドック地方などでは，スペインやポルトガル，イタリア南部の季節労働者や学生アルバイトが，9月〜10月のブドウの収穫期に移動してくるのよ（図Ⅱ-31）。

**ジオ**：ワインが飲めていいよね。

**グラ**：……。
さらに，イタリア南部からスペイン東部のバレンシア地方やカタルーニャ地方など，地中海沿岸地域の稲作地帯に田植えと稲刈りのために季節的な移動をすることもあるの。

**グラ**：次に，国内的移動としては，イタリア南部からポー川流域のパダノベネタ（図Ⅱ-31）に田植えのために移動することがあって，田植えをする女性のことをイタリア語でモンディーナというの。

**ジオ**：日本では早乙女というよね。

**グラ**：そうね。このモンディーナは季節的な出稼ぎで，その背景として，ローマ時代から続いてきたラティフォンディウムという大土地所有制の解体で，さまざまな歪みが生じたの。そのために，シチリア島を中心とする南部と北部との経済較差が大きく

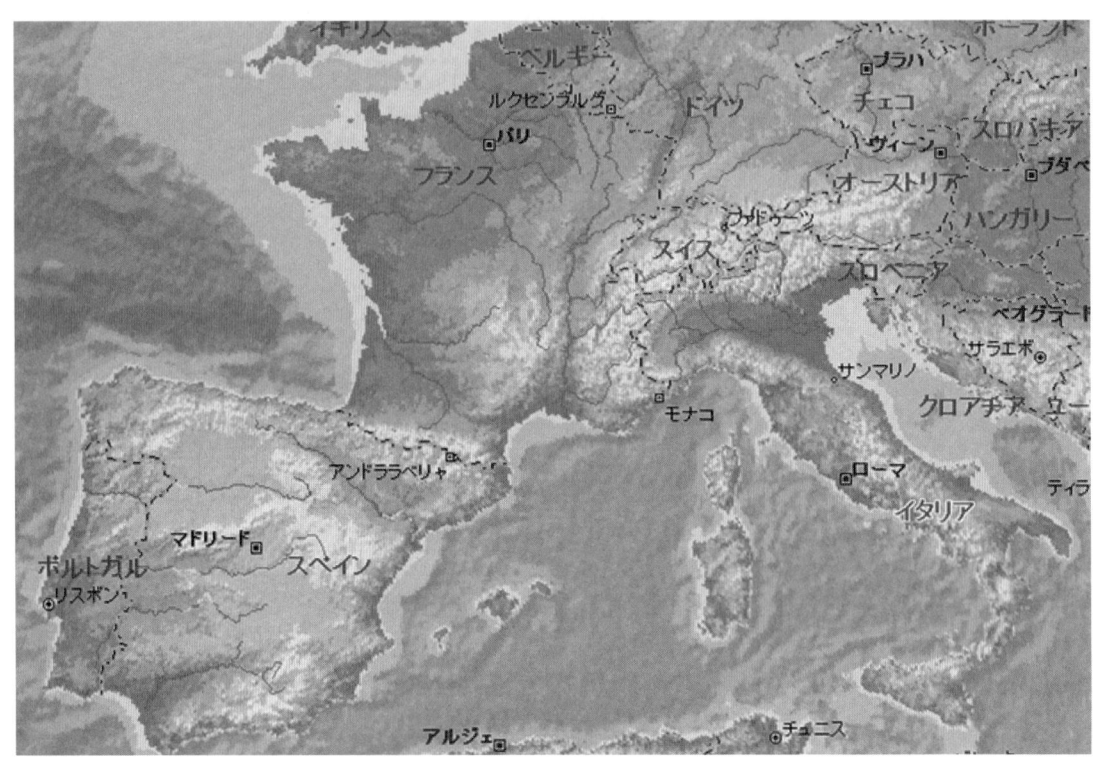

図Ⅱ-31　地中海沿岸（マイクロソフト 2001）

　　　て，イタリア南部からの季節的な出稼ぎ者が多いのね。
ジオ：日本の杜氏も季節的な移動だよね。
グラ：そうね。山陰や北陸地方から灘や伏見・広島・東北地方に酒造りのために移動する
　　　人びとで，但馬や丹波・越後・南部杜氏などに代表されるわね。

# 4. 人口構成

## a. 年齢別人口構成

### ◆ 深鉢型の人口構成

グラ：次に，人口の構成をまず年齢別からみると（図Ⅱ-32），この人口ピラミッドについては，ジオも小・中学校の教科書でみたことがあると思うけど，年齢別人口構成は大きく三つのタイプに分かれるよね。

まず，富士山型といわれる人口増加型で，これはさらに，①人口が漸増する多産多死で，エチオピアやバングラデシュなどの低開発国でみられるタイプと，②人口急増型の多産少死で，インドやメキシコなどの発展途上国でみられるものとに分かれるわね。

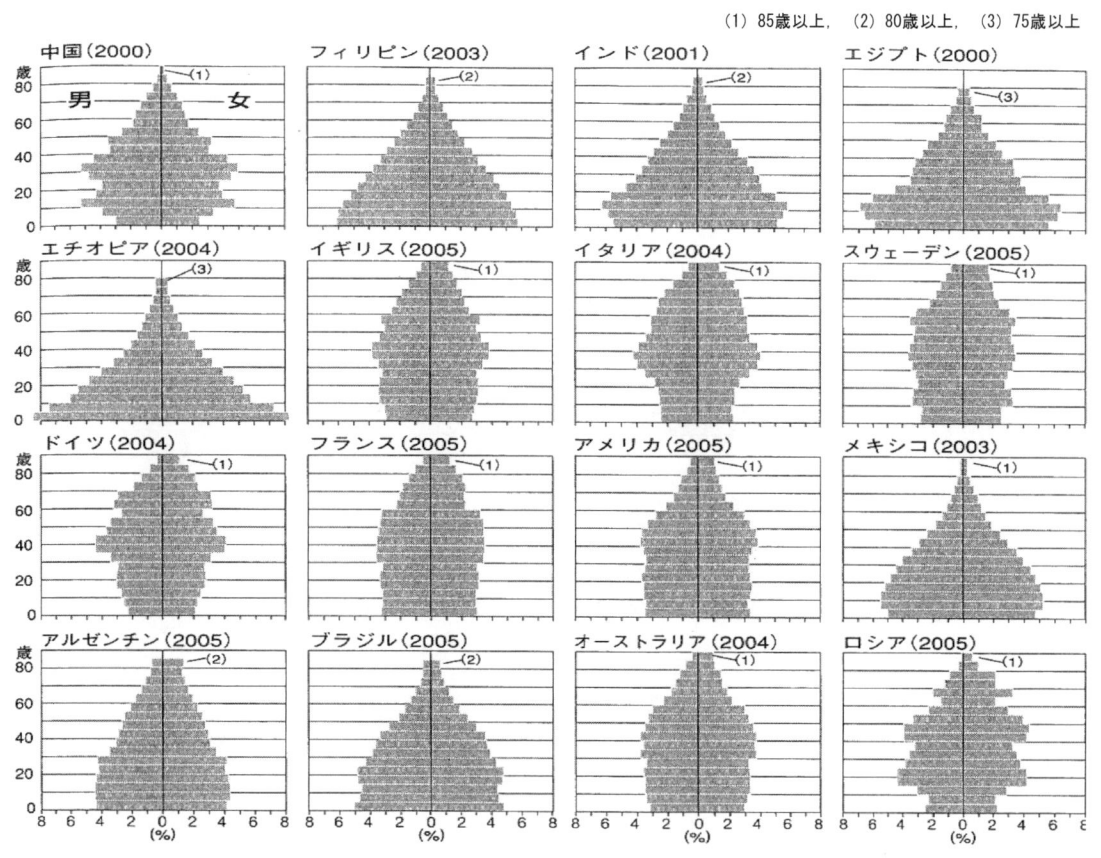

図Ⅱ-32　おもな国の年齢別人口構成（二宮 2009）

ジオ：人口が爆発するタイプだね。

グラ：そう。次に，釣り鐘型でこれは少産少死の人口停滞型といって，オーストラリアやカナダなどの先進工業国でみられるもの。さらには，紡錘型でこれは人口漸減型といって，図にはないけどオランダやベルギーに代表されるタイプなの。

また，老年人口が急増するとスウェーデンや日本のように深鉢型や筒型の人口構成になるのよ。

## b．産業別人口構成

グラ：これは，世界の主要国の産業別の人口構成と年次別変化をみたものなの（図Ⅱ-33）。1950年代や60年代では，パキスタンに代表される第一次産業中心の農業国型と，イタリアに代表される第一次・第二次産業中心の農工業国型，アメリカ合衆国に代表される第三次産業中心の先進国型に分かれるの。

ジオ：1990年代になると，全体として左下への移動傾向を示しているね。

グラ：そうね。農業国型や農工業国型から先進国型へと変化してゆく傾向にあるわね。

ジオ：⑤の日本は，1950年の農業国型から92年には先進国型に変化してきているね。

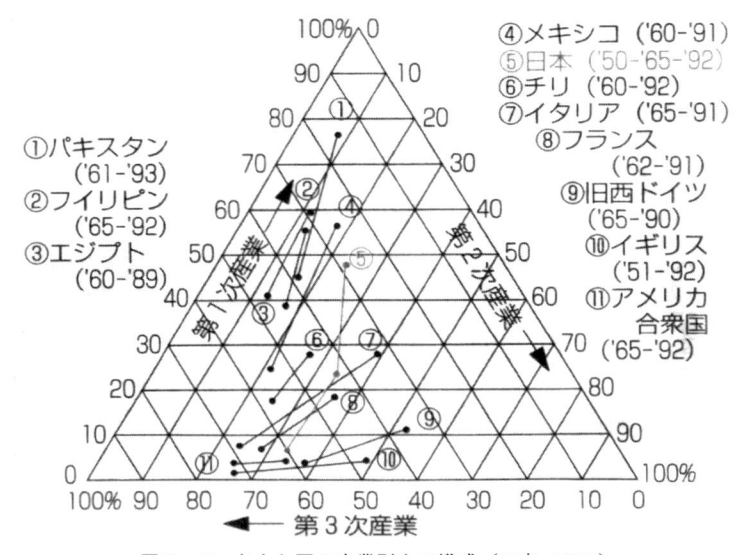

①パキスタン（'61-'93）
②フイリピン（'65-'92）
③エジプト（'60-'89）
④メキシコ（'60-'91）
⑤日本（'50-'65-'92）
⑥チリ（'60-'92）
⑦イタリア（'65-'91）
⑧フランス（'62-'91）
⑨旧西ドイツ（'65-'90）
⑩イギリス（'51-'92）
⑪アメリカ合衆国（'65-'92）

図Ⅱ-33　おもな国の産業別人口構成（二宮 1997）

# 5．日本の人口

## a．人口の推移

グラ：次に，日本の人口の推移をみると，古い時代の人口についてはよくわかっていなくて，縄文時代の人口は住居址の数に平均家族数4人～5人をかけて推計されているのよ。その結果，当時は西日本よりも東日本の人口がはるかに多かったといわれているの。

ジオ：えっ，そうなの？

グラ：この違いは地形の違いによるところが大きいと思うの。これについては，『東アジアとヨーロッパの旅』で改めて説明するけど，台地や段丘の発達する東日本と平野や低地の発達する西日本との違いなの。だから，西日本では住居址の確認されていない地域が多くて，縄文時代の西日本の人口はこれまでに推定されているよりも多いと思うの。

ジオ：なるほど。

グラ：日本の人口の推計が可能になるのは平安時代以降で，平安初期に約5・600万人なのね。

ジオ：どうしてわかるの？

グラ：当時の人口は，文書に記載されている塩の消費量で推計したらしいの。その後，鎌倉時代で約757万人，江戸初期で約1227万人，明治初期で約3330万人，大正初期で約5600万人，昭和初期で約7000万人，そして2010年の国勢調査で約1億2806万人になって，以後日本の人口は減少しているのよ。当初の人口減少の予測よりも5年遅くなっている。

ジオ：……。

グラ：次に，日本の人口を，都道府県別や都市別，都道府県の自然増減率（表Ⅱ-6）でみてみると，首都圏の人口増加と自然増減率は高くて，4都府県で日本全体の4分の1をしめるの。なかでも，神奈川では，横浜市や川崎市の人口が県全体の約6割をしめているのよ。

ジオ：大阪を抜いて2番目になっているんだ……。

グラ：また，人口の少ない県は山陰や四国，北陸で，いずれも平野が狭いという共通点があるわね。また，自然増減率の低い県は，東北地方を中心に目立つね。
なお，都市別人口のうち，京都市の人口約140万人のうち約15万人は学生でしめられてるのよ。

ジオ：京都の三条や四条で石を投げると，学生か観光客に当たるといわれるものね。

グラ：……。

表Ⅱ-6 日本の人口（二宮 2009）

| 都道府県人口 ||| 都市別人口 ||| 自然増減率（2007～08） |||
|---|---|---|---|---|---|---|---|---|
| 順位 | | （万人） | 順位 | | （万人） | 順位 | | (‰) |
| 1 | 東　京 | 1,246 | 1 | 東京23区 | 841 | 1 | 東　京 | 8.1 |
| 2 | 神奈川 | 879 | 2 | 横　浜 | 359 | 2 | 神奈川 | 6.6 |
| 3 | 大　阪 | 867 | 3 | 大　阪 | 252 | 3 | 愛　知 | 5.6 |
| 4 | 愛　知 | 718 | 4 | 名古屋 | 216 | 4 | 千　葉 | 5.4 |
| 5 | 埼　玉 | 706 | 5 | 札　幌 | 188 | 5 | 滋　賀 | 4.6 |
| 6 | 千　葉 | 609 | 6 | 神　戸 | 151 | 6 | 埼　玉 | 3.6 |
|   |       |     | 7 | 京　都 | 139 |   |       |     |
| 42 | 山　梨 | 87 | 8 | 福　岡 | 138 | 42 | 島　根 | -8.1 |
| 43 | 福　井 | 81 | 9 | 川　崎 | 134 | 43 | 山　形 | -8.3 |
| 44 | 徳　島 | 80 | 10 | さいたま | 119 | 44 | 長　崎 | -8.7 |
| 45 | 高　知 | 78 | 11 | 広　島 | 115 | 45 | 青　森 | -10.4 |
| 46 | 島　根 | 73 | 12 | 仙　台 | 100 | 46 | 高　知 | -10.6 |
| 47 | 鳥　取 | 60 | 13 | 北九州 | 98 | 47 | 秋　田 | -11.4 |

表Ⅱ-7　中部各県の2025年までの推計人口（中日新聞社 1997）
（太字は5年ごとのごとの ピーク，単位・万人）

|   | 1995年 | 2000年 | 2005年 | 2010年 | 2015年 | 2020年 | 2025年 |
|---|---|---|---|---|---|---|---|
| 愛　知 | 686.8 | 700.7 | 710.5 | **713.7** | 709.7 | 699.1 | 683.2 |
| 岐　阜 | 210.0 | 212.6 | **214.3** | 214.3 | 212.1 | 207.9 | 202.2 |
| 三　重 | 184.1 | 188.6 | 192.4 | 194.7 | **195.2** | 193.9 | 191.4 |
| 静　岡 | 373.8 | 379.1 | 382.7 | **383.2** | 379.8 | 372.4 | 362.0 |
| 長　野 | 219.4 | 222.9 | 225.9 | **227.2** | 226.5 | 223.8 | 219.9 |
| 滋　賀 | 128.7 | 135.1 | 141.6 | 147.6 | 152.4 | 155.9 | **158.5** |
| 福　井 | **82.7** | **82.7** | 82.3 | 81.3 | 79.6 | 77.3 | 74.6 |

グラ：人口減少の予測を中部各県の2025年までの推計人口でみてみると（表Ⅱ-7），三重では15年の195万人がピークで以後減少して，愛知では10年の714万人がピークなのね。なお，京都や大阪のベッドタウンの滋賀では25年まで増え続けるわね。

ジオ：福井では2000年から減少しているんだね。

## ◆ そして日本には誰もいなくなった

グラ：都道府県別の人口増加率をみると（図Ⅱ-34），2000年～05年には都市圏を中心として増加して，周辺地域から減少している県がでているわね。2010年～15年には南北日本から減少傾向が顕著になって，2020年～25年で増加するのは埼玉のみなの。

2050年には日本の人口は1億人まで減少して，2100年には5000万人を割って今世紀末に4割に減るの。2500年に500万人，そしてついに3354年に日本の人口は一人になると予測されているの。

ジオ：……。

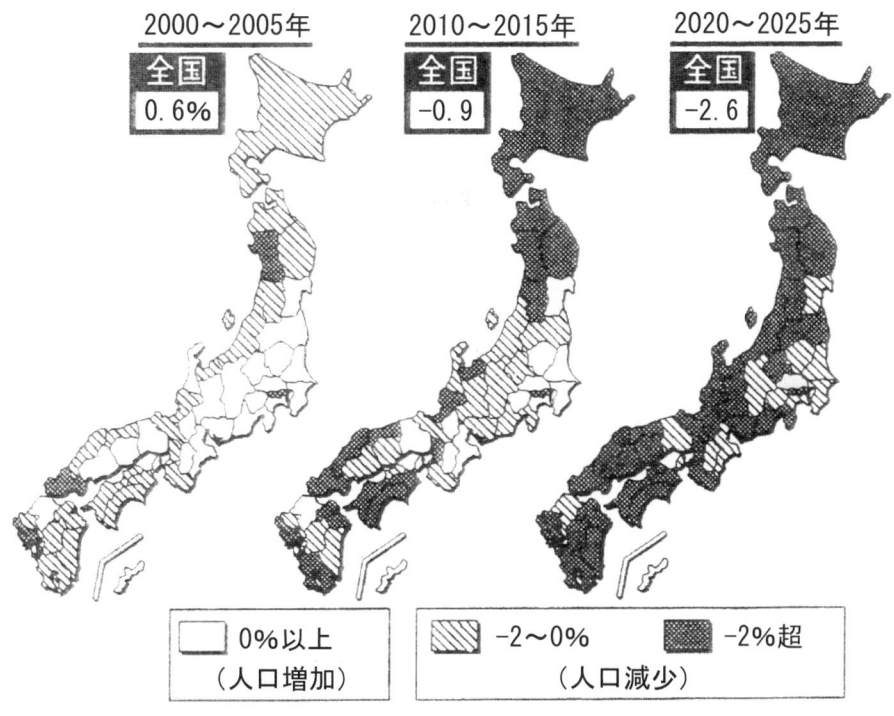

```
     2000〜2005年    2010〜2015年    2020〜2025年
      全国            全国            全国
      0.6%           -0.9           -2.6
```

□ 0%以上 （人口増加）　　▨ -2〜0%　　■ -2%超
　　　　　　　　　　　　　（人口減少）

図Ⅱ-34　都道府県別人口の増加率（中日新聞社 1997）

まさに「咳をしても一人」の世界だね。

**グラ**：この日本の人口減少は構造的な原因によるの。つまり，出生率の低下や結婚年齢の上昇，独身率の上昇などがあげられるのね。こうなると，これからの日本の冠婚葬祭では，結婚祝いや誕生祝いといった祝儀よりも，香典を出す機会が多くなってくるわね。

**ジオ**：僕らはこれから祝儀袋を使う機会が増えるけど，親の歳になると香典袋を使う機会が増えるんだね。

## b．人口構成

**グラ**：日本の1872年〜1993年までの出生率と死亡率の推移を人口1000人あたりでみると（図Ⅱ-35），出生率は1920年前後の36.2がピークで93年には9.6に減少しているよね。

**ジオ**：死亡率は1920年前後にピークになっているね。

**グラ**：これは第一次世界大戦やシベリア出兵の影響によるものね。1945年の第二次世界大戦のデータはないけど，50年に死亡率が12.7に減少して55年から安定しているの。

これは，出生数と死亡数の推移を1947年〜2005年にかけてみたものだけど（図

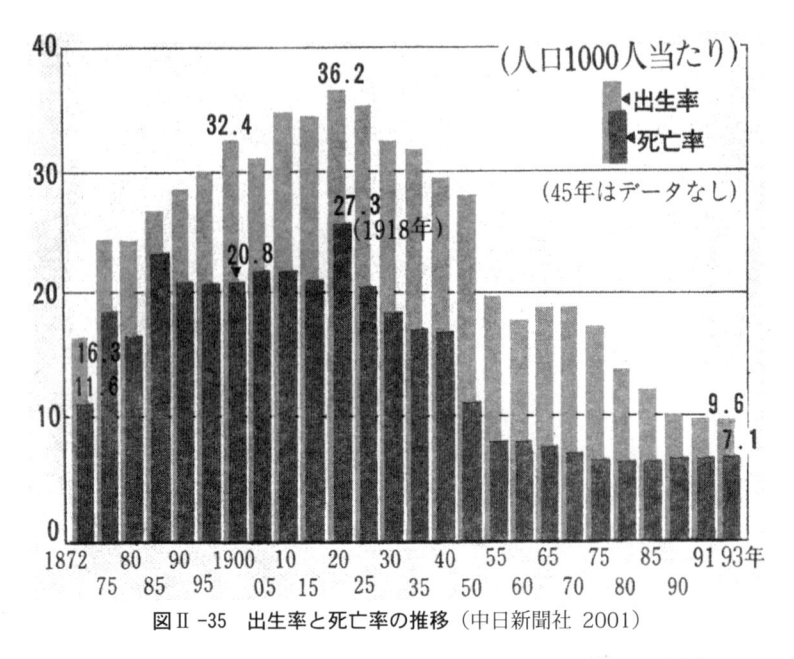

図Ⅱ-35　出生率と死亡率の推移（中日新聞社 2001）

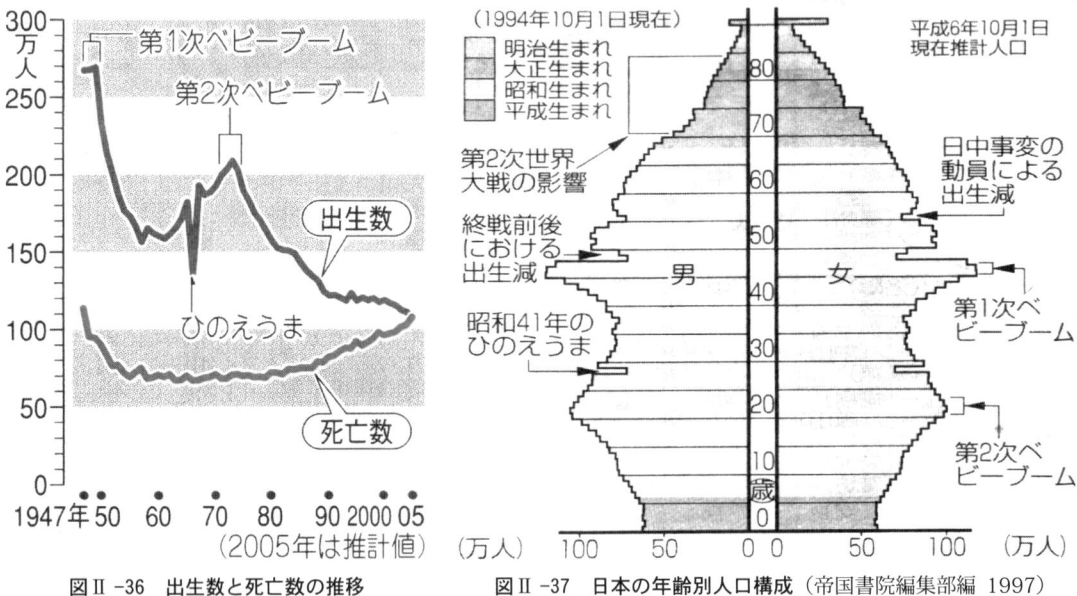

図Ⅱ-36　出生数と死亡数の推移
（中日新聞社 2005）

図Ⅱ-37　日本の年齢別人口構成（帝国書院編集部編 1997）

Ⅱ-36），1947年〜50年に約270万人あった出生数が，2005年には106万人に減少したのよ。死亡数は戦争の影響で増えたけど，その後減少して，そして徐々に増加してきたの。

ジオ：出生数と死亡数が2010年に逆転したんだ。

グラ：また，1994年現在の日本の年齢別の人口構成をみると（図Ⅱ-37），明治初期には多産多死で人口は漸増だったの。その後，第二次大戦による出兵で男性が減るけど，

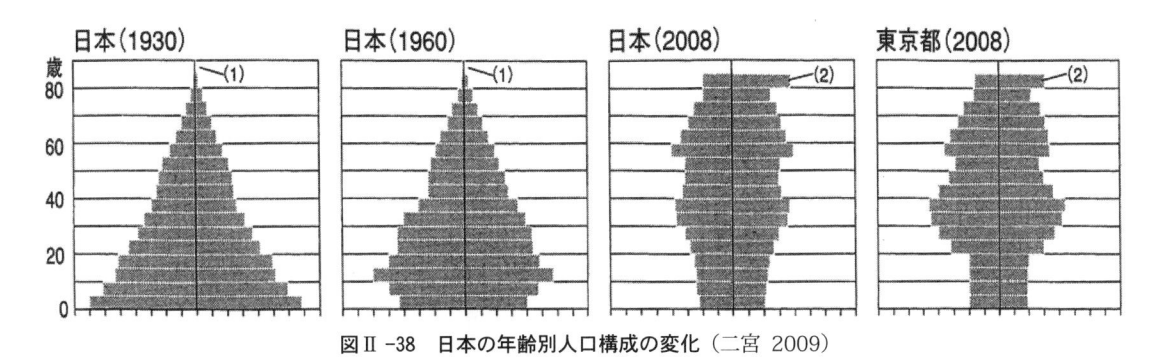

図Ⅱ-38　日本の年齢別人口構成の変化（二宮 2009）

大戦後は多産少死で急増して，特に1947年〜49年は第一次ベビーブームで「産めよ増やせよ」の国家政策がとられたのね。

そして，その後少産少死が続いていて，人口構成は釣り鐘型から紡錘型に，さらに深鉢型や筒型になっているのよ。人口ピラミッドの変化をみてみると（図Ⅱ-38），1930年の富士山型，その後1960年には釣り鐘型に近くなり，2008年には深鉢型や筒型になってるわね。

**ジオ**：80歳以上の特におばあちゃんの急増が目立つね。

**グラ**：ちなみに，東京都の人口構成も同じ型になっていて少子化が続いているの。

## ◆ あなたは「丙午（ひのえうま）」を信じますか？

**グラ**：ところで，1966年（昭和41年）に注目すると，この年は丙午とよばれているの（図Ⅱ-37）。60年毎にやってくる迷信で，その60年前というと1906年（明治39年）。さらにその60年前は1846年（弘化3年）なのね。

ジオって，迷信を信じるほう？

**ジオ**：う〜ん……。

**グラ**：この年に生まれた女性は気が強くて，夫を殺して家は火事になるという迷信があるの。

**ジオ**：……。

**グラ**：1966年というと，高度経済成長期のまっただなかにもかかわらず，一時的にしかも男女を問わず人口が減少しているのよ。そして，その前後の年に出生数は増加している。

**ジオ**：迷信は生きていたんだ……。

**グラ**：あまりにも日本的な現象だわね。

これは，弘化3年といって今から170年以上も前の丙午の出生の減少率を都道府県別にみたもので（図Ⅱ-39），□は男子，■は女子を示しているの。ジオ，グラフをよ〜くみて。

**ジオ**：ん？

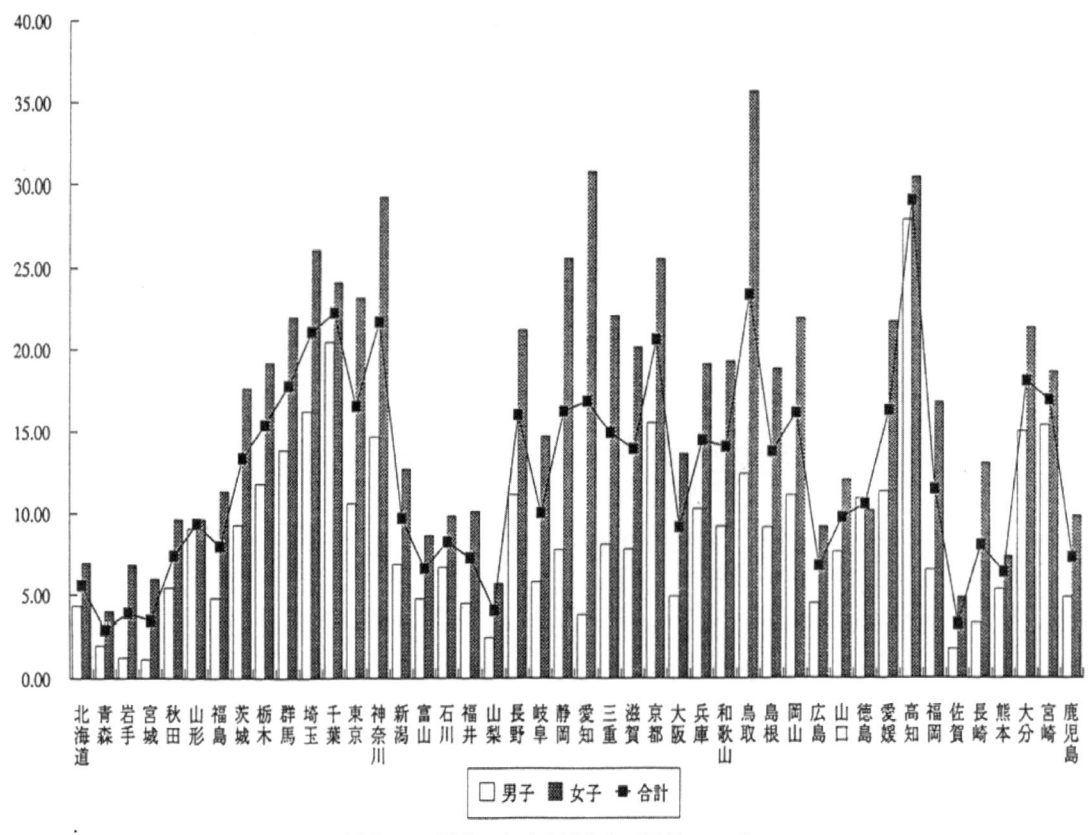

図Ⅱ-39　弘化3年出生減少率（黒須 1992）

**グラ**：この年に，全ての都道府県で男の子に較べて女の子の減少率がきわめて高くなっているでしょ。特に愛知は男4％に対して女31％，鳥取は男13％に対して女35％と顕著だわね。

**ジオ**：普通に出産していれば，こんなことはあり得ない……。

**グラ**：今から110年以上も前の明治39年でも，関東を中心とした地域で出生の減少率が顕著なのね（図Ⅱ-40）。そのなかで，唯一減少率がマイナスつまり出生率がプラスになったのは佐賀の男の子のみなの。

**ジオ**：こうした減少の理由は？

**グラ**：一つ目は，女の子の間引きあるいは堕胎，つまり人工流産がおこなわれたの。二つ目は，届け出のズレ。この丙午に生まれた子供を次の年に出生届けしているケースも考えられるわね。

丙午の前後の増減数と増減率を，弘化3年，明治39年，昭和41年前後でみてゆくと（表Ⅱ-8），出生数は女の子が減少して，増減数と増減率もともに女の子の方が多いよね。ただ，昭和41年をみると男女の減少数と減少率が拮抗するようになってきたの。

**ジオ**：2026年の丙午の年に，果たしてこの迷信が残っているかだね。

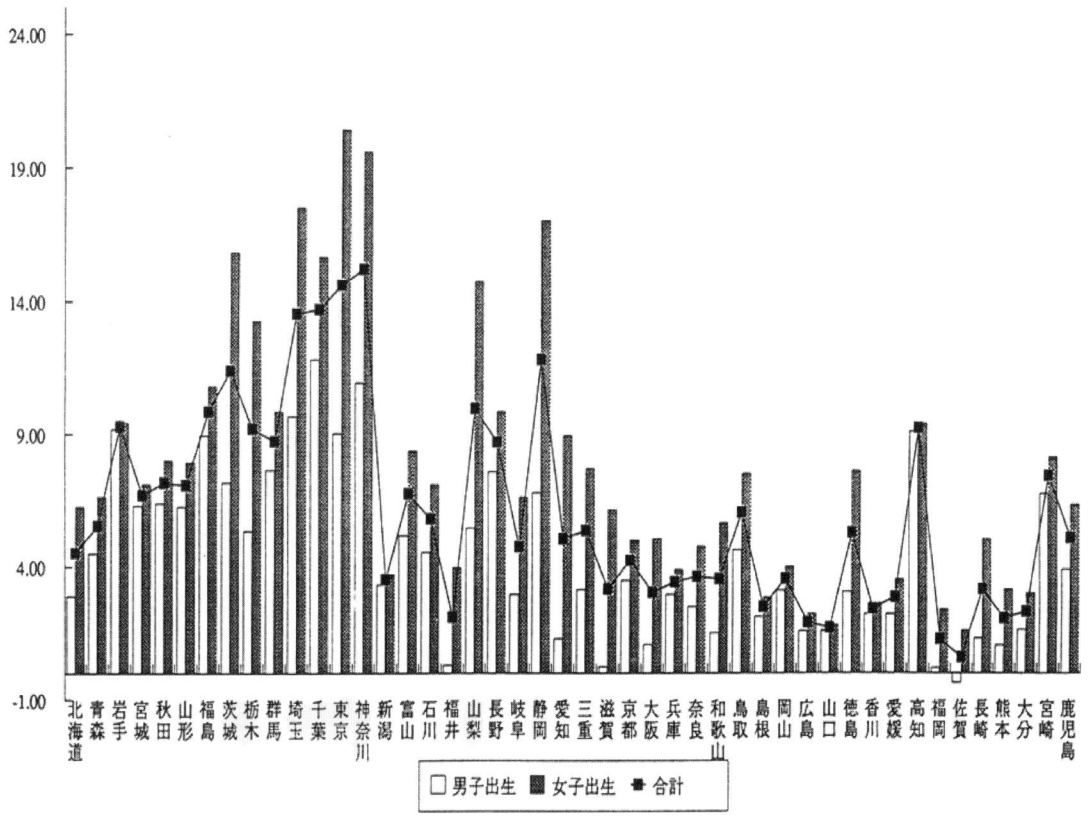

図Ⅱ-40 明治39年出生減少率（黒須 1992）

表Ⅱ-8 丙午前後出生・人口増減（黒須 1992）

|  | 出 生 数 ||| 対前年増減数 ||| 対前年増減率 |||
|---|---|---|---|---|---|---|---|---|---|
|  | 総数 | 男 | 女 | 総　数 | 男 | 女 | 総　数 | 男 | 女 |
| 昭和41年前後（47県） ||||||||||
| 昭和40 | 1,823,697 | 935,366 | 888,331 |  |  |  |  |  |  |
| 昭和41 | 1,360,974 | 705,463 | 655,511 | -462,723 | -229,903 | -232,820 | -25.37 | -24.58 | -26.21 |
| 昭和42 | 1,931,536 | 990,654 | 940,882 | 570,562 | 285,191 | 285,371 | 41.92 | 40.43 | 43.53 |
| 明治39年前後 ||||||||||
| 明治38 | 1,452,770 | 735,948 | 716,822 |  |  |  |  |  |  |
| 明治39 | 1,394,295 | 726,155 | 668,140 | -58,475 | -9,793 | -48,682 | -4.03 | -1.33 | -6.79 |
| 明治40 | 1,614,472 | 818,114 | 796,358 | 220,177 | 92,959 | 128,218 | 15.79 | 12.66 | 19.19 |
| 弘化3年前後（明治19年に40～42歳）（44県） ||||||||||
| 40歳 | 521,496 | 266,354 | 255,142 |  |  |  |  |  |  |
| 41歳（訂正） | 421,927 | 229,123 | 192,804 | -99,569 | -37,231 | -62,338 | -19.09 | -13.98 | -24.43 |
| 42歳 | 505,333 | 256,835 | 248,498 | 83,406 | 27,712 | 55,694 | 19.77 | 12.09 | 28.89 |
|  | 482,919 | 250,771 | 232,148 |  |  |  |  |  |  |

## c．日本の人口問題

グラ：次に，日本の人口問題，ここでは特に高齢化社会と人口減少社会についてみたいと思うの。日本では一世帯あたりの人数はわずか2.63人（2008年）なのよ。

ジオ：その原因は何なの？

グラ：核家族化や少子化，さらには青年層の一人住まいや老人の一人暮らし，中年層の単身赴任などがあげられるわね。
　　　また，日本人の平均寿命は，明治初期の1800年代後半で男42歳・女45歳，第二次世界大戦後の1947年で男50歳・女54歳。もちろん，当時も90歳以上の人はいたけど，この年の数字は戦死者が多かったためなのね。

ジオ：50年前だと，僕らの両親はもう初老の歳で，棺桶(かんおけ)に片足をつっこんでるね。

グラ：……。

グラ：2007年の『世界人口白書』のデータで平均寿命の上位国をみてみると，男性では香港の特別行政区を除けば，アイスランドの79.5歳，日本の79.1歳，スウェーデンの78.6歳，オーストラリアの78.4歳の順ね（図Ⅱ-41）。
　　　女性では同じく，日本の86.3歳，スペインとスイスの83.7歳，イタリアの83.5歳の順で（図Ⅱ-42），北欧とともに中欧やオーストラリアの長寿が目立ってきたわね。

ジオ：日本は，男女あわせるとご長寿世界一なんだね。

グラ：長寿世界一は，1980年代後半から30年以上も続いていて，平均寿命は男性が29歳，女性が32歳も伸びてるのよ。

ジオ：僕たちはあと60年も生きるんだ……。

グラ：厚生労働省によると，日本人の平均寿命は，このままでいくと少なくとも2025年までは伸び続けると予測されているの。

ジオ：グラフィー，日本はなぜ長寿国なの？

グラ：その要因として，日本の風土，つまり湿潤温暖な気候と四季の変化，森と海の幸に恵まれた多彩な食文化，栄養バランスのとれた豊かな食生活，そして高度経済にともなう医療技術の発達や福祉の充実などがあげられるわね。
　　　さらに，日本人には長寿型遺伝子のあることが1998年にわかったの。

ジオ：長寿型遺伝子？

グラ：ミトコンドリアDNAの5178C/A多型とサーチュイン遺伝子をもっている人が，長寿者の高い頻度でみつかったのよ。日本人のなかには，長生きできる遺伝子をもっている人とそうでない遺伝子をもっている人がいるらしいの。

ジオ：僕らの寿命というのは，ある意味では決定づけられているのかもしれないね。

| 順位 | 国名 | 男性の平均寿命（歳） |
|---|---|---|
| 1 | アイスランド | 79.5 |
| 2 | 香港 | 79.2 |
| 3 | 日本 | 79.1 |
| 4 | スウェーデン | 78.6 |
| 5 | オーストラリア | 78.4 |
| 6 | イスラエル | 78.3 |
| 7 | スイス | 78.2 |
| 8 | カナダ | 78.1 |
| 9 | ノルウェー | 77.7 |
| 10 | ニュージーランド | 77.6 |

図Ⅱ-41 男性の平均寿命上位国
（MEMORVA H.P. 2007）

| 順位 | 国名 | 女性の平均寿命（歳） |
|---|---|---|
| 1 | 日本 | 86.3 |
| 2 | 香港 | 85.1 |
| 3 | スペイン | 83.7 |
| 3 | スイス | 83.7 |
| 5 | イタリア | 83.5 |
| 6 | フランス | 83.4 |
| 6 | オーストラリア | 83.4 |
| 8 | アイスランド | 83.2 |
| 9 | カナダ | 83.0 |
| 10 | スウェーデン | 82.9 |

図Ⅱ-42 女性の平均寿命上位国
（MEMORVA H.P. 2007）

**グラ**：次に，日本の将来の人口とその構成はどうなるかをみてゆくね。日本は，死亡率の減少と出生率の減少によって，将来超高齢化社会を迎えるの。

ところが，その一方では，生活習慣病による若齢死が増えているのよ。また，病死ではなくて，事故死や自殺者が増加したり，突然死や働き盛りの過労死も増えているわね。

**ジオ**：若齢死と突然死と過労死……。

**グラ**：全般的には，死亡率が減少した結果，「老人の二重構造」という現象がおきているの。つまり，80歳以上と60歳以上という老人の二重構造。

**ジオ**：超老人と若老人だね。

**グラ**：……。

**グラ**：これまでは，15歳〜64歳の生産年齢人口は全体の3分の2をしめていたけど，1997年に14歳以下の年少人口と65歳以上の高齢人口が逆転して，2040年には65歳以上の高齢人口はピークを迎えるといわれてきたの（図Ⅱ-43）。これは，第二次ベビーブームの人たち。

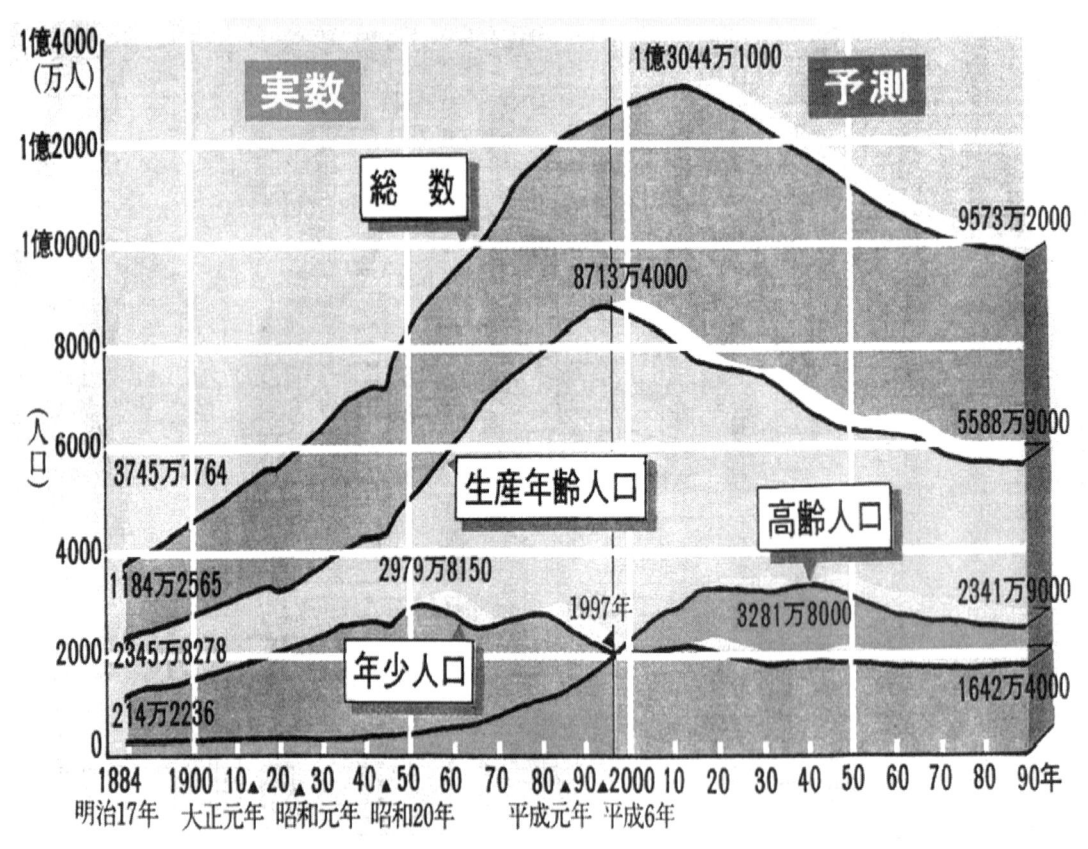

図Ⅱ-43　年齢3区分別人口の推移（中日新聞社 2001）

グラ：被扶養人口というのは，14歳以下の年少人口と65歳以上の高齢人口の合計で，今は約50％（図Ⅱ-44）。二人で一人の被扶養者，つまり子供や老人を養っているの。20年・30年後は60％だから，三人で二人を養い，さらに50年後には80％，つまり五人で四人の子供や老人を養うことになるのよ。

ジオ：僕らが老人になった時は，約半分の生産年齢人口の人たちに養ってもらうことになるんだ……。
でも将来，子供は親をみてくれないよね。

グラ：ということは，私たちは自分で老後の生活資金を60歳や65歳の定年までに貯えておかねばならないわね。退職金や年金では，私たちの老後の生活は保障されないことになる……。

ジオ：どうする？

グラ：えっ？……。

グラ：こうした人口減少社会は，日本をはじめヨーロッパの先進国でも起きてるの。その対策として，フランスでは子育て支援，スウェーデンやイギリスでは就職支援など

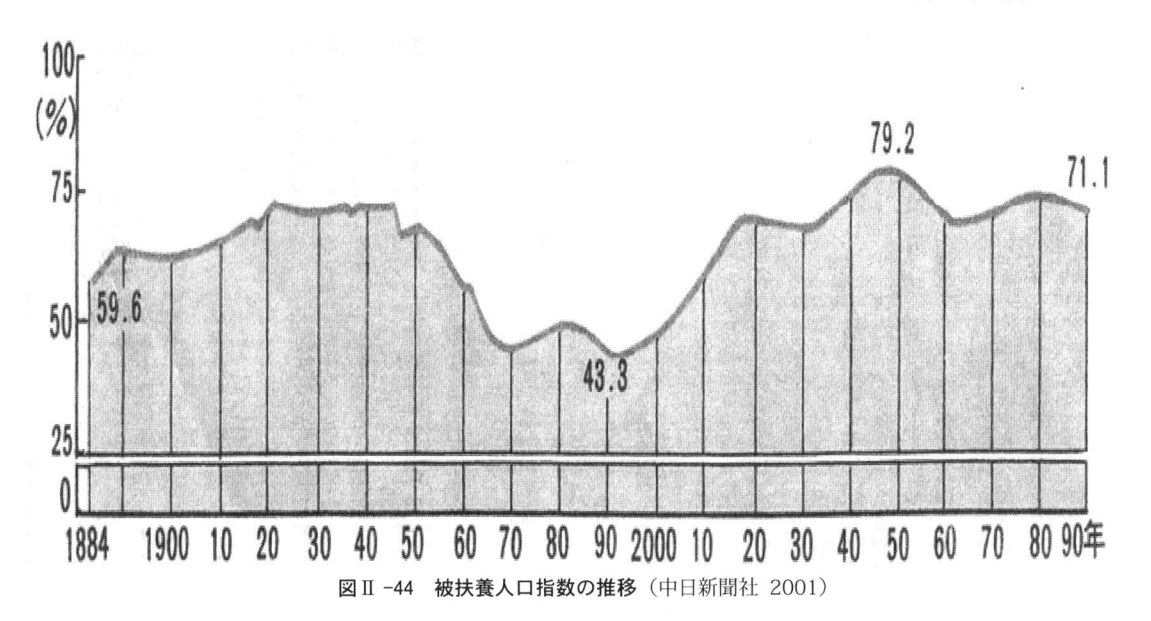

図Ⅱ-44　被扶養人口指数の推移（中日新聞社　2001）

　　　　　　手厚い政策が講じられているのよ。
ジオ：日本の人口減少に対する対策は？
グラ：立ち遅れているのが現状ね。
ジオ：人口減少の原因は何なの？
グラ：経済的な理由で結婚できなかったり，安心して家族を持ち，子供を育てることへの不安，この悪循環なの。また，女性の社会進出にともなって結婚しない女性が増えたり，晩婚化で平均初婚年齢が28.5歳（2008年）前後になっているし，子供を持たない夫婦が増えてきているのよ。
ジオ：安定した仕事を続けられる社会，安心して子供を育てられる社会に早くならないと人口減少に歯止めがかからないね。
グラ：そして，携帯電話も原因の一つなの。
ジオ：携帯電話？
グラ：今，携帯を手放せない人が多いよね。携帯依存症という心の病気になって，「ものいわぬモノ」が友達になったり，恋人になったりしているの。だから，友達もつくらない，恋人もつくらない，家族もいらないという人がもっともっと増えてくるのよ。
ジオ：……。

グラ：ジオ，ここで少子化と子育ての変化についても考えてみたいの。これは，1947年～2005年までの出生数と合計特殊出生率といって，一人の女性が生涯に出産する子供の数の推移をみたものなのね（図Ⅱ-45）。出生数は戦後の約270万人から100万人に減少して，これにともなって，合計特殊出生率も低下し続けているのよ。第一次ベビーブームの1947年～49年には4.32もあったの。

図Ⅱ-45 出生数・合計特殊出生率の推移
（中日新聞社 2006）

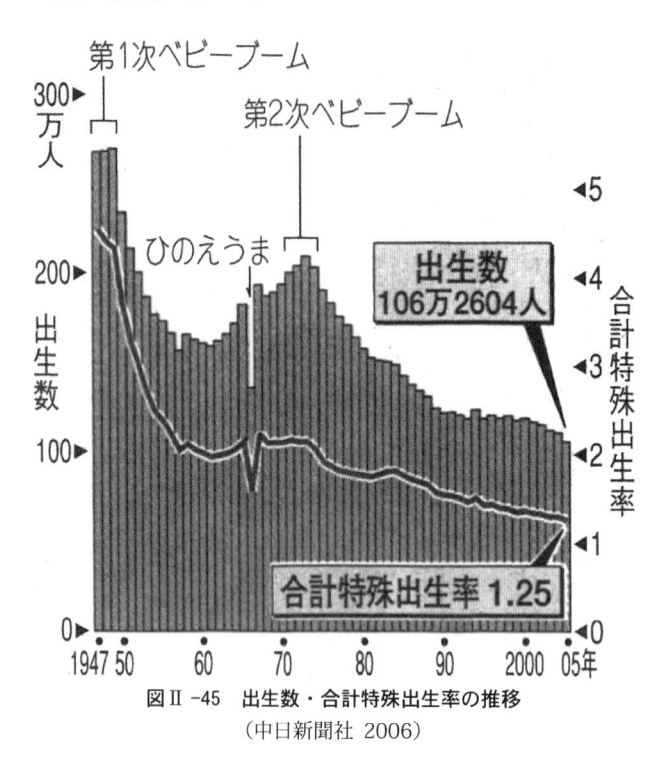

ジオ：確かに，祖父母の兄弟の数は4・5人というのが多いよね。

グラ：その後，1966年の丙午の年が一時的に下がって1.58。71年〜74年の第二次ベビーブームで2.14なの。この合計特殊出生率は，2.07というのが長期的な人口維持率で，人口の静止状態となるのよ。

ジオ：この0.07というのは？

グラ：若齢死つまり若くして死亡する数を見込んだ値なの。この合計特殊出生率が1975年に2.0以下になって，94年に1.46，2005年には1.25まで減少しているのよ。

ジオ：2006年の合計特殊出生率は，1.30に回復しているようだけど……。

グラ：将来の合計特殊出生率は，1.39〜1.26の間で推移するとされていて（図Ⅱ-46），このままでは日本は長期的に人口を維持できなくなるの。

ジオ：いろいろな弊害が出てくるんじゃない？

グラ：そうね，たとえば年金改革の前提が崩れて，給付水準が50％のラインを割り込むことが考えられるわね。

ジオ：……。

グラ：1955年〜2000年の日本の15歳未満人口の推移をみると（図Ⅱ-47），北と南で減少率が高くて，首都圏でわずかに増加しているよね。こうした少子化が進むと，少ない子供を賢く，そして大事に育てるという子育ての変化が顕著になっているのよ。

ジオ：中国や韓国の都市部でもそういう傾向にあるね。

グラ：むしろ，中国や韓国の方が日本よりもその傾向が強くて，両親は子供を大学に入れることに人生をかけているものね。2002年の新聞記事によると，中国では毎年570万人以上が大学受験をするの。中国では，年収の半分をこの大学受験のために費やすそうよ。

ジオ：……。

グラ：日本では，大学と短大への進学率は1988年に女性の方が男性を上回ったの。今の20代〜50代の女性の多くは，高学歴社会の世代。つまり，最高学府の大学をで

図Ⅱ-46　合計特殊出生率の推移（中日新聞社 2006）

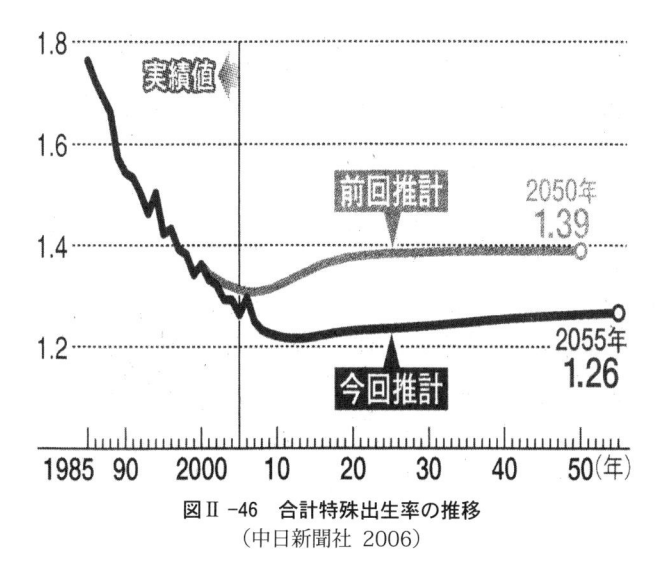

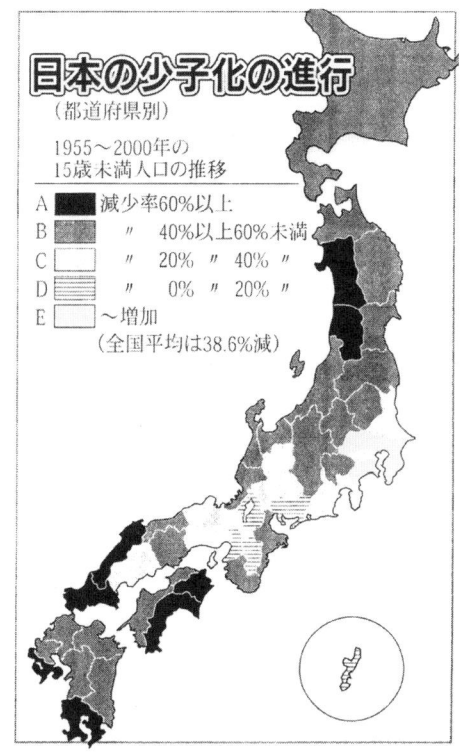

図Ⅱ-47　日本の少子化の進行（中日新聞社 2002）→

　　　　た女性が増えているの。そして，そういった女性や男性が，今子育てをしているの。
ジオ：そうなると，必然的に子供への期待感が強まるね。
グラ：特に専業主婦の場合には，子供との接触が密になってくるわね。それとともに，子供の教育に対して熱心になって，子供達は習いごとや塾に通うことになるの。そういう子供たちの友達，それはテキストだったり本やピアノ，テレビやゲーム，パソコン，そして携帯電話。
ジオ：人ではなくて，「ものいわぬモノ」なんだ……。
グラ：一方，母親の方はというと，子供の成績で自分が評価されているような，自分の教育のあり方が子供の試験の点数として返ってくるような，そんな錯覚におちいるの。
ジオ：そうなると，さらに子供の教育に母親が一生懸命になる……。
グラ：こうして，親の世代の多くが知識力や学力で評価される社会で生きてきたために，親になったら子供たちにも同じ様な生き方をさせようとするのね。ある意味では強制に近い生き方を子供に強いるの。「あなたはこうなるんだからね」，「こういう人生を歩むんだからね」といったように。
ジオ：……。
グラ：以前，ある番組で「新日本人の条件」というのがあって，そのなかで「ママ 私をどう育てたいのですか」というテーマで，こうした親子を取り上げたことがあったの。番組のなかで，塾や習いごとに通う子供たちにインタビューすると，子供たちの物心ついた時からの目的，それは「いい大学に入り，いい就職につくこと」だったの。

ところが，こうして育った子供が大人になって，いざ就職という時に，社会の組織のなかに入ってゆけない。社会のルールのなかで生きてゆくことができないの。

ジオ：いわゆるモラトリアム人間だね。現実逃避をしてしまうんだ。

グラ：彼ら彼女らは，社会に出たくないから大学院にゆく。そして P.D. ポストドクターとよばれる研究生を続けることになるの。大学という小さな囲い，小さな村社会のなかでしか生きられない。

ジオ：こうしたモラトリアム人間になるのはなぜ？

グラ：彼ら彼女らに総じていえることは，人とまともな対話が出来ない，責任感がない，協調性がない，そして感性というものが失われているの。物事に感動することがない，そういう経験を幼い頃にしていないの。

ジオ：だから，人の心の痛みがわからない。

グラ：心理学のカウンセラーが彼らに絵を描かせると，人それは自分・本人，あと家と木という狭い世界観しか描けない。空，太陽，雲，遠くの山や海という広い空間が描けないの。これは幼児期の絵と同じらしい。しかもきわめて閉鎖的な空間認識しかないの。

ジオ：……。

グラ：ところでジオ，人にはそれぞれいろいろな能力があるわよね。私は，人の能力は大きく三つあると思うの。

ジオ：三つ？

グラ：知力と体力と徳力（図Ⅱ-48）。知力というのは知識力や学力ね。人の能力というのは，この知識力や学力だと思っている人が圧倒的に多いの。

ジオ：特に日本人は，頭のいい人がすばらしい人間だと誤解している人がいるね。

グラ：逆に，自分は物覚えが悪いから頭が悪い。だから，ダメな人間だ。そう思っている人がいるわね。自分の知識力や学力で，自分の人生まで決めてしまっている人が多いのよ。

ジオ：グラフィーのいう頭がいいとはどういうこと？

グラ：人間の脳は左と右に別れていて，それぞれ役割分担をしているわよね（図Ⅱ-49）。

左脳では記憶，計算，言語，論理などをつかさどり，右脳では情緒，感性，直感，ひらめき，創造する力などを発揮するの。右脳のもつ潜在能力は左脳の 10 万倍もあるといわれているのよ。逆に，左脳中心で

```
知力
体力
徳力－理性・感性
```

図Ⅱ-48　能力

```
左脳－記憶・計算・言語・論理
右脳－情緒・感性（センス）・直感
　　　ひらめき（アイデア）・創造
```

図Ⅱ-49　左脳と右脳

生きることは，自分のもつ能力の１％も使っていないということになるらしいの。
ジオ：じゃぁ，なぜ先程のようなモラトリアム人間になるの？
グラ：それは，日本の教育のあり方に原因があると思うの。日本の教育は，いわゆる「読み・書き・そろばん，今では計算」というお勉強を基本としてきたよね。読み・書き・計算のできる人つまり記憶力や言語力，計算する力などで，その人の能力が評価されてきたの。
ジオ：「いい大学に入った人が偉いんだ」という固定観念が，日本人のなかに植えつけられてきたんだね。
グラ：こうして，日本は偏差値教育万能の時代と社会をつくり上げてきたのね。そしてその結果，鍛えられた左脳と発育不全の右脳をもったアンバランスな人間ができてきたと思うの。
ジオ：頭のいい生まじめな若者がそうだね。
グラ：見掛け上は一人のおとなだけど，精神的には半人前の人間，つまり没理性的な没感性的な人間にしか育っていないの。おそらく，物心つく前から，左脳だけが鍛えられてきたと思うのね。
ジオ：幼い頃にまともに友達と遊んだことがないから，社会のルールというものがわからない。
グラ：ルールというのは，幼い頃の遊びのなかで育まれるものよね。そこで役割分担を理解すると思うの。
ジオ：ルールが分からないから，社会組織のなかで生きることができない……。
グラ：だから，自分たちだけの狭い世界で世間をみてしまったり，価値判断をしてしまうと思うの。これからは，右脳の時代なの。感性，直感力，創造力のすぐれた人が求められるし，企業の採用試験ではこれに加えて，応用力や即戦力，コミュニケーション力などを重視するところが増えてきているよね。
ジオ：出身大学名を問わない企業や地方行政団体が増えてきたのもその現れだね。
グラ：大学というのは，実はこの潜在する右脳の力を発揮させ，鍛えるところだし，大学では個人の能力を引き出す教育をしなければいけないと思うの。

グラ：人間の能力をこのように分けてみたらどうかしら（図Ⅱ-50）。まず，ベースとしての記憶力。
ジオ：この記憶力だけで生きてきた人たちが，今リストラされているよね。冥王星にちなんで，プルートされるといわれてる。
グラ：……。
　　　大学というのは，豊かな知識を得ることに感動して，それを分析・整理・総合してそ

```
創造力　直感力
   ‖
分析力　整理力　総合力
   ‖
   記憶力
```

図Ⅱ-50　人間の能力

して何かをクリエイトする力，直感する力を養うところだと思うの。
ジオ：休んでいる右脳の活性化，僕たちが今大学でしなければいけないことだね。
グラ：そして，人間の持つ二つ目の能力。これは体力つまりスポーツ技能ね（図Ⅱ-48）。こうした能力は，もちろん天性のものもあるけど，成長するなかで育まれる能力でもあるのよ。このスポーツ技能は，周りの環境で6割向上するといわれているの。このスポーツ技能も，人間の持つ重要な能力のはずなのに……。
ジオ：大学入試では，どうして学力試験ばかりを課すんだろうね。
グラ：私立大学の場合，1科目の試験で受験生の能力を判断しているところは多いわよね。
ジオ：一芸入試を批判する人は多いけれど，1科目入試だって一芸入試だよね。
グラ：同じ一芸入試だったら，スポーツ推薦入試をどうして多く取り入れないのかしら。

グラ：さらに，人間のもつ三つ目の能力。それは，徳力つまり理性や感性ね（図Ⅱ-48）。先程もいったけど，子供たちは遊びのなかでルールを学び，役割分担を理解するの。
ジオ：子供の時に遊んでいないと，この理性に欠けた人間に育つんだ。
グラ：また，感性は2歳～5歳頃にもっとも豊かなるといわれているのよ。この時期にいろいろなものを見聞きして，そして感じたかによって，その後のその人の感性は違ってくるといわれているの。
　　　ジオ，アニメの「となりのトトロ」のなかで，サツキとメイの感動する心はトトロと共鳴するよね。研ぎ澄まされた感性，感受性豊かな子供たちにあのトトロはみえるのよ。
ジオ：感性が乏しくなった大人たちには，あのトトロはみえないのかもしれないね。
グラ：スウェーデンの義務教育では，勉強ではなくて，"人間としての生き方" つまりこの徳力の育成とか情操教育に重点を置いているの。スウェーデンでは，教育とは何であるのかがわかって，児童や生徒に指導がなされているのよ。
　　　私たち日本人は，一部の幼稚園と小・中学校で，そして高校で振り分けられ，さらに大学で振り分けられてきたよね。
ジオ：その評価の基準は，学力や知識力つまり記憶力。
グラ：入試ではわずか1点の差で合否が判定されるよね。
ジオ：わずか1点で人生が変わることもある……。
グラ：でも，学力だけではその人の能力全てを計ることはできないよね。大学入試ではこの学力入試を極力なくして，小・中・高で何をやってきたかで総合判断すべきだと思うの。就職試験も，中学の3年間，高校の3年間，あるいは大学の4年間で何をやってきたかで総合判断すべきなんだけど……。
ジオ：僕の周りにも，スポーツにたけている人，芸術にすぐれている人，リーダーシップを発揮できる人がいるよ。人間は，各個人のもつさまざまな能力で評価され，判断されるべきだね。
グラ：そして，生きてゆくなかで私が一番大事だと思うことは，「感動する」ことだと思

うの。
ジオ：感動……。
グラ：感性豊かな人生を送ること。私たちは，人に出会ってその人の生き方や考え方に感動する。芸術に感動する。スポーツに感動する。つまり，人間のもつ徳力や体力に感動するよね。

私たちは，人生のなかで多くの人と出会うけど，その人のもつ人間性に感動してほしいの。人生のなかで，同輩や先輩，後輩との出会いがあるし，その出会いのなかで，個々人がそれぞれにもっている人間性に感動してほしいの。
ジオ：自分にないものをもっている人を尊敬する……。
グラ：そういう視点で他人をみてほしいの。これは，恋愛でもそうね。
ジオ：恋愛？
グラ：相手を意識し始めた時は長所ばかりがみえるよね。ところが，付き合ううちに，相手を知るにつれて，その人の短所や欠点がみえてきて，次第に相手に嫌気がさしてくる。
ジオ：でも，そういう自分だって短所ばかりだよね。
グラ：そうね。なかには，自己嫌悪におちいっている人もいると思うの。相手を非難することはできないわよね。
ジオ：じゃぁ，どういった付き合い方をすればいいんだろう。
グラ：付き合っている相手の欠点を全部ゼロにするの。
ジオ：全部ゼロ……。
グラ：そうすれば，相手のいい所しかみえてこないじゃない。相手の短所や欠点を認めあいながらも，いい所を評価してほめる。そして相手を尊敬して生きてゆくの。恋愛や結婚というのはそういうものだと思うの。
ジオ：グラフィー……。

# おわりに

　ジオとグラフィーの旅シリーズ6巻のなかでも，この『人の旅』と次に出版を予定している『衣食住の旅』の全体のテーマは，「自分を知り，他人を知り，そして自他の違いを知る」ことである。つまり，本書では，日本人を知り，世界の人種や民族，言語や宗教を理解し，そしてそれらの違いを比較し，その背景をみてきた。また，日本の人口と世界の人口，そして人口の変遷や人口と食糧のあり方，人口問題，さらには人の生き方や考え方，家族のあり方などについても考えてみた。

　地球の自然環境の違いは，世界の人種や民族が異なる要因の一つとなっており，風土の違いのなかで各地域の文化が育まれている。アフリカを起源とする人類は，アフリカを出て世界各地に拡散するなかで，各地域の自然環境に適応して生物的進化をとげてきた。こうした環境と人間との関係を，自然的・人文的視点や地域的観点からとらえ直してみる必要がある。

　そして，コミュニケーションの手段として，言葉を獲得し，文字を発明し，文化を発展させてきた。そうして，人びとの生活は家族単位から村での共同生活，そして都市での集団生活へと変化し多様化している。

　こうした人びとの発展のなかで，一方では人種問題や民族問題，宗教問題などの対立が生じ，激化している。21世紀には，こうした自他の違いを理解したうえで，どのようにお互いを認め合い対処してゆくかが問われている。

　最後になりましたが，本書の刊行をご快諾賜りました古今書院の橋本寿資社長に御礼を申し上げます。また，ご多忙のなか編集をご担当いただきました原 光一氏と長田信男氏には，本書の構成等でご検討をいただき，ご教示を賜りました。重ねて厚く御礼を申し上げます。

　　　　2010年4月　　　　　　　　　　　　　　　　　　　　　　　　　外山秀一

# 文献・資料

【文献・資料】

荒牧重雄・鈴木秀雄監 1986『日本列島誕生の謎をさぐる』福武書店.
池田明史 1992 民族紛争（Ⅰ）．梅棹忠夫・前島郁雄監『世界全地図・ライブアトラス』講談社.
伊谷純一郎ほか 1978『紀行全集 世界体験 12 アフリカ』河出書房新社.
市川正巳・西川 治・小峰 勇監 1986『学研スライド 人口，資源・産業Ⅰ』学習研究社.
イミダス編集部 1995『imidas（イミダス）』集英社.
浮田典良編 2003『最新地理学用語辞典』大明堂.
梅棹忠夫・前島郁雄監 1992『世界全地図・ライブアトラス』講談社.
梅原 猛 1989『日本人の「あの世」観』中央公論社.
梅原 猛 1995『自然と人生－思うままに』文芸春秋.
相賀徹夫編 1989『世界大アトラス』小学館.
相賀昌宏編 1992『自然大博物館』小学館.
大江健三郎 1996『あいまいな日本の私』岩波書店.
大野 晋 1957『日本語の起源』岩波書店.
大野 晋他 1990『シンポジウム 弥生文化と日本語』角川書店.
大野 晋 1999『日本語練習帳』岩波書店.
大庭 脩編 1999『卑弥呼は大和に眠るか－邪馬台国の実像を追って－』文英堂.
小川一朗・井出策夫編 1977『地理学要説－地理学における地域研究－』文化書房博文社.
尾本恵市・埴原和郎監 1986『体から日本人の起源をさぐる』福武書店.
樺山紘一編 1987『週刊朝日百科 古代文明の成立』朝日新聞社.
河野通博編 1985『週刊朝日百科 世界の地理 72 中国 2 華北』朝日新聞社.
木村尚三郎監 1983『人類の出現と古代文明の成立』学習研究社.
黒須里美 1992 弘化3年ヒノエウマ．日本研究第6集（国際日本文化研究センター）.
香原志勢 1984 人類の起源．世界の人種．川田順造編『週刊朝日百科 世界の地理 30 民族と言語』朝日新聞社.
国連人口基金 1992『世界人口白書 1992』.
国連人口基金 2008『世界人口白書 2008』.
小堀 巌編 1971『世界地誌ゼミナール5 アフリカ』大明堂.
佐々木高明 1991『日本史誕生』集英社.
佐原 眞 1987『体系日本の歴史1 日本人の誕生』小学館.
佐原 真 1997『魏志倭人伝の考古学』（財）歴史民俗博物館振興会.
産経新聞社 2004.12.17.
鈴木公雄・中村孚美監 1986『日本人の心をさぐる』福武書店.
鈴木秀夫 1978『森林の思考・砂漠の思考』日本放送出版協会.
関 一敏 1985 聖地と巡礼．荒木美智雄編『週刊朝日百科 世界の地理 100 世界の宗教』朝日新聞社.
高橋睦人・安森義高・藤本和代編 1998『地理用語集』山川出版社.
武井正明 1998『図解・表解 地理の完成』山川出版社.
竹内 均編 1991『Newton別冊 失われた古代文明』教育社.

竹内 均編 1994『Newton 別冊 古代遺跡と伝説の謎』教育社.
橘 由子 1992『子どもに手をあげたくなるとき』学陽書房.
田中孝顕 2004『日本語の起源』きこ書房.
中日新聞社 1993.5.31.
中日新聞社 1998.12.27.
中日新聞社 1999.4.18.
中日新聞社 2000.6.21.
中日新聞社 2000.12.18.
中日新聞社 2002.1.1.
中日新聞社 2002.7.9.
中日新聞社 2003.5.29.
中日新聞社 2005.12.22.
中日新聞社 2006.5.16.
中日新聞社 2006.12.21.
中日新聞社 2008.11.13.
中日新聞社 2008.12.6.
中日新聞社 2009.5.22.
中日新聞社 2009.6.4.
外山秀一 1996 驚異の縄文生態学食－多彩な食材を使うグルメ志向－. 鈴木 亨編『歴史と旅』23 秋田書店.
中井和夫 1992 民族紛争（Ⅱ）. 梅棹忠夫・前島郁雄監『世界全地図・ライブアトラス』 講談社.
中村生雄 2008 現代の問題としての『自然葬』. 中村生雄・安田睦彦編『自然葬と世界の宗教』凱風社.
西川 潤 1992 人口爆発. 梅棹忠夫・前島郁雄監『世界全地図・ライブアトラス』講談社．
西嶋定生 1991「親魏倭王」と東アジア. 野上 毅編『朝日百科 世界の歴史2』朝日新聞社．
野村茂夫・櫻井治男・外山秀一・本澤雅史 2002『日本文化のなかの自然と信仰』三輪山文化叢書1 大神神社.
橋本萬太郎 1984 世界の言語. 川田順造編『週刊朝日百科 世界の地理 30 民族と言語』 朝日新聞社.
埴原和郎 1986 南から北から. 埴原和郎編『週刊朝日百科 日本の歴史 35 原ニホン人と列島の自然』朝日新聞社.
埴原和郎 1996『日本人の誕生』吉川弘文館.
原島 博・馬場悠男 1996『人の顔を変えたのは何か』河出書房新社.
藤井康男 1982『文科的理科の時代』福武書店．
藤原栄一 1993 中国の食糧増産と人口抑制政策. 坂口慶治・植村善博・須原洋次編『アジアの何を見るか』古今書院.
藤原健蔵 1985 スリランカの産業と経済. 藤原健蔵編『週刊朝日百科 世界の地理 82 インド2 南部 スリランカ モルジブ』朝日新聞社.
星野英紀 1985 先祖崇拝と死後の世界. 荒木美智雄編『週刊朝日百科 世界の地理 100 世界の宗教』朝日新聞社.
前島郁雄・中島峰広・田辺 裕監 1998『地理用語集』山川出版社.
丸善エンサイクロペディア大百科編集委員会 1995『大百科』丸善.
宮崎日日新聞社 2008.8.10.

村澤博人 1992『顔の文化誌』東京書籍.
森田桐郎 1992 人口爆発. 梅棹忠夫・前島郁雄監『世界全地図・ライブアトラス』講談社.
安田喜憲 1991『大地母神の時代』角川書店.
安田喜憲 1996 東西の風土と宗教. 山折哲雄・中西 進編『文明と環境13 宗教と文明』朝倉書店.
安本美典監 1986『日本語はどのようにつくられたか』福武書店.
山口一夫 1991『全国方言たんけん』ポプラ社.
山口喜一・唯是保彦 1985「差し引きプラス」の苦悩. 唯是保彦編『週刊朝日百科世界の地理110 食糧と飢餓』朝日新聞社.
山本正三ほか 1992『詳説新地理』二宮書店.
吉成 勇編 1997『別冊歴史読本 日本古代史「神々」の遺産』新人物往来社.
吉野裕子 1982『日本人の死生観 蛇信仰の視座から』講談社.
吉野裕子 1995『日本人の死生観 蛇 転生する祖先神』人文書院.
米山俊直ほか訳編 1981『世界の民族と生活7 アフリカ』ぎょうせい.

[地図・統計・写真資料]
Google 2009「地図データ」(ZENRIN 2009 利用規約)
木村尚三郎監 1983『人類の出現と古代文明の成立』学習研究社.
澁沢文隆・佐野金吾監 1986『最新版世界地理 アジア』学習研究社.
澁沢文隆・佐野金吾監 1986『ヨーロッパ(EC)ロシアと近隣諸国』学習研究社.
帝国書院編集部 1997『地理統計 1997年版』帝国書院.
二宮健二編 2008『データブック オブ・ザ・ワールド2008年版』二宮書店.
二宮健二編 2009『データブック オブ・ザ・ワールド2009年版』二宮書店.
二宮書店編集部 1994『高等地図帳』二宮書店.
二宮書店編集部 1995『現代地図帳』二宮書店.
二宮書店編集部 2007『基本地図帳』二宮書店.
二宮書店編集部 2009『基本地図帳 改訂版』二宮書店.

【インターネット資料】
伊勢湾口大橋 2009 http://www2.mie-net.ne.jp
世界の人口 2008 http://www.unfpage.or.jp
世界の人口 2009 http://www.unfpage.or.jp
世界の平均寿命 2007 http://memorva.jp
仏教解説：浄土宗 2009 http://www.e-sogi.com
フリー百科事典ウィキペディア 2009 http://ja.wikipedia.org/wiki
三重サンベルトゾーン 2005 http://www.pref.mie.jp

【ビデオ・CD・DVD映像資料】
NHK 1989「モンゴロイド大移動の謎」.
NHK 1990「超高齢化社会」.
NHK 1992「新日本人の条件―ママ 私をどう育てたいのですかー」.
NHK 2003「決定版 いぬ大百科」.

NHK 2003「"人口減少社会"とどう向き合うか」.
東宝東和 1981「ミラクルワールド / ブッシュマン」.
マイクロソフト 2001「エンカルタ百科地球儀 2001」.

## 著者紹介

外山秀一（とやま　しゅういち）

1954 年　宮崎県生まれ．
帝京大学山梨文化財研究所 古植物・地理研究室長を経て，
現在，皇學館大学文学部教授．　博士（文学）（立命館大学）．
専門：地理学・環境考古学．
主要業績：『遺跡の環境復原』古今書院
　　　　　『自然と人間との関係史』古今書院
　　　　　『ジオとグラフィーの旅 1 環境と人の旅』古今書院
　　　　　『ジオとグラフィーの旅 2 自然の旅』古今書院
　　　　　『ジオとグラフィーの旅 3 人の旅』古今書院
　　　　　『ジオとグラフィーの旅 4 衣食住の旅』古今書院
　　　　　『ジオとグラフィーの旅 5 東アジアとヨーロッパの旅』古今書院
　　　　　『ジオとグラフィーの旅 6 地域情報の旅』古今書院（以上，単著）
　　　　　『日本文化のなかの自然と信仰』大神神社（共著）
　　　　　『古代の環境と考古学』古今書院
　　　　　『講座 文明と環境 3 農耕の起源』朝倉書店
　　　　　『縄文文明の発見－驚異の三内丸山遺跡－』ＰＨＰ研究所
　　　　　『講座 文明と環境 5 文明の危機』朝倉書店
　　　　　『空から見た古代遺跡と条里』大明堂
　　　　　『現代の考古学 3 食糧生産社会の考古学』朝倉書店
　　　　　『韓国古代文化の変遷と交渉』書景文化社
　　　　　『The Origins of Pottery and Agriculture』Roli Books
　　　　　『環境考古学ハンドブック』朝倉書店
　　　　　『地形環境と歴史景観－自然と人間の地理学－』古今書院
　　　　　『近畿Ｉ　地図で読む百年』古今書院
　　　　　『澧縣城頭山』文物出版社
　　　　　『アジアの歴史地理 1 領域と移動』朝倉書店
　　　　　『縄文時代の考古学 3 大地と森の中で』同成社
　　　　　『Water Civilization』Springer
　　　　　『環境の日本史 2 古代の暮らしと祈り』吉川弘文館
　　　　　『人間と環境』（ハングル）韓国考古環境研究所ほか（以上，分担執筆）
　　　連絡先　toyama@kogakkan-u.ac.jp

| 書　名 | ジオとグラフィーの旅　3　人の旅 |
|---|---|
| コード | ISBN978-4-7722-4139-7 C1025 |
| 発行日 | 2010 年 4 月 20 日　初版第 1 刷発行 |
|  | 2022 年 2 月 1 日　初版第 4 刷発行 |
| 著　者 | 外 山 秀 一 |
|  | ©2010 TOYAMA Shuichi |
| 発行者 | 株式会社古今書院　橋本寿資 |
| 印刷者 | 太平印刷社 |
| 発行所 | 株式会社古今書院 |
|  | 〒 113-0021　東京都文京区本駒込 5-16-3 |
| 電　話 | 03-5834-2874 |
| ＦＡＸ | 03-5834-2875 |
| ＵＲＬ | http://www.kokon.co.jp/ |
|  | 検印省略・Printed in Japan |

# いろんな本をご覧ください
# 古今書院のホームページ

## http://www.kokon.co.jp/

★ 800点以上の**新刊・既刊書**の内容・目次を写真入りでくわしく紹介
★ 地球科学やGIS，教育など**ジャンル別**のおすすめ本をリストアップ
★ **月刊『地理』**最新号・バックナンバーの特集概要と目次を掲載
★ 書名・著者・目次・内容紹介などあらゆる語句に対応した**検索機能**

## 古 今 書 院

〒113-0021　東京都文京区本駒込 5-16-3
TEL 03-5834-2874　　FAX 03-5834-2875
☆メールでのご注文は order@kokon.co.jp へ